Déployer et exploiter Lean Six Sigma

Éditions d'Organisation
Groupe Eyrolles
61, bd Saint-Germain
75240 Paris Cedex 05

www.editions-organisation.com
www.editions-eyrolles.com

© Groupe Eyrolles, 2009

ISBN : 978-2-212-54334-6

Nicolas Volck

Déployer et exploiter
Lean Six Sigma

EYROLLES

Éditions d'Organisation

Sommaire

VII

Remerciements

Je remercie tout particulièrement les experts suivants d'avoir accepté de partager dans cet ouvrage leur expérience professionnelle avec Lean Six Sigma. Ces Master Black Belts ont mené des projets et piloté des programmes Lean Six Sigma dans des organisations européennes aussi bien qu'américaines, dans les secteurs de l'industrie comme des services :

- Michel Bacquet, Master Black Belt et expert en accompagnement au changement ;

- Denis Bouteille, Master Black Belt chez Areva ;

- Philippe Gignier, Master Black Belt ;

- François Zinger, Master Black Belt dans une société de conseil ;

- Un Master Black Belt dans une société financière internationale.

Je tiens également à remercier les personnes suivantes pour leurs témoignages :

- Aurore Lozinguez-Prouveur, manager d'une équipe de gestion dans une société d'assurances ;

- Thierry Didierlaurent, manager d'une équipe commerciale dans une société de services ;

- Philippe Roquel, pilote de processus et manager de pilotes de processus chez EDF.

Merci à Danièle Cambier, consultante en Lean Six Sigma, et à Lionel Courtois, manager dans le domaine des ressources humaines, pour la relecture critique du manuscrit et pour la pertinence de leurs remarques.

Merci aux personnes rencontrées au fil des projets auxquels je participe, pour la richesse des échanges et pour la qualité des relations entretenues.

Préface

Quand Nicolas Volck m'a demandé de rédiger la préface de son ouvrage, j'ai tout de suite accepté, bien que n'étant pas un spécialiste de l'exercice.

Ce qui m'a séduit dans son approche, c'est qu'il s'est intéressé non pas à la méthode (ou méthodologie) en elle-même – il y a déjà suffisamment de livres sur le sujet –, mais à mettre en lumière de façon objective des aspects encore peu traités actuellement, à savoir : les pièges à éviter dans toute tentative de déploiement de cette méthode au sein d'une organisation, les enjeux culturels et le potentiel managérial de Lean Six Sigma.

Quand j'ai l'occasion de parler de Lean Six Sigma (ou Lean Sigma) à un public de non-initiés, les trois questions qui reviennent le plus fréquemment sont :

- Qu'est-ce que Lean Six Sigma ?

- S'adresse-t-il à toutes les organisations, quels que soient leur taille et leur secteur d'activité ?

- Quels sont les écueils à éviter si je veux le déployer au sein de mon organisation ?

L'ouvrage que vous avez entre les mains propose d'apporter des réponses à ces questions. Pour ce faire, Nicolas Volck s'est appuyé sur l'expérience de cinq Master Black Belts, experts de la méthode, ayant grandement contribué à son déploiement au sein de grands groupes et/ou de PME et qui, par le biais de questions-réponses, vous permettront de faire un premier diagnostic sur la société ou entreprise à laquelle vous appartenez, et sur les premières actions à engager avant de se lancer.

Avant de vous souhaiter une bonne et enrichissante lecture, voici quelques éléments de réponse aux deux premières questions :

Qu'est-ce que Lean Six Sigma ?

C'est une combinaison de Six Sigma (méthode qui vise à diminuer la variabilité observée dans une des données de sortie d'un processus) et de l'approche Lean (méthode qui vise à éliminer les « gaspillages » : temps d'attente ; reprises/rebuts ; sur-qualité ; surproduction ; déplacements ; transport ; inventaires, et donc à diminuer le temps de cycle d'un processus).

Lean Six Sigma permet donc d'améliorer tout processus, soit en diminuant la variabilité observée dans les données de sortie, soit en rendant le processus plus rapide, plus fluide.

Lean Six Sigma s'applique-t-il à toutes les organisations ?

Oui, car aussi bien le Six Sigma que le Lean sont basés sur une approche processus (exemple : processus de traitement des factures, processus de recrutement...) et ne concernent donc pas que les sites de production.

Les outils du Lean sont très appropriés aux processus transactionnels, faciles d'utilisation et permettent d'obtenir des résultats souvent surprenants.

Comme vous le découvrirez dans les pages qui suivent, Lean Six sigma est une méthode qui peut transformer en profondeur et durablement toute société ou entreprise à condition qu'elle accorde une attention particulière à la plus grande richesse qu'elle possède : ses employés.

Michel BACQUET, Master Black Belt
et expert en accompagnement au changement.

Préambule

Dans cet ouvrage, Lean Six Sigma est mis en perspective en favorisant une approche pluridisciplinaire. Des informations de sources bibliographiques, expérimentales et provenant d'études antérieures ont été exploitées. Pour compléter ces informations de base, des entretiens ont été conduits avec des experts de Lean Six Sigma (Master Black Belts), un pilote de processus et des managers qui ont participé à des projets, afin de favoriser une approche pragmatique, au plus près de la réalité du terrain.

Les informations ont été traitées à partir d'études de cas, empruntées autant que possible à des organisations européennes. Les différents points de vue rencontrés ont été confrontés afin d'aboutir à une synthèse qui tend à être objective, et de nombreuses citations ont été employées afin d'étayer la réflexion et enrichir la rigueur et la pertinence de l'analyse.

NB : Le terme « organisation » est ici volontairement préféré à celui d'entreprise, dans la mesure où toute forme d'orga-

nisation peut *a priori* utiliser Lean Six Sigma : sociétés de
l'industrie et des services, collectivités, service public, gouvernements…

Les propos tenus dans cet ouvrage
n'engagent que la responsabilité de l'auteur.

OBJECTIFS DE CE LIVRE

Un autre point de vue sur Lean Six Sigma

Aborder Lean Six Sigma sous les angles suivants :
- différences avec les autres approches d'amélioration de la qualité ;
- aspects humains, culturels et managériaux ;
- résistance et accompagnement au changement ;
- limites, dérives et enjeux pour les organisations ;
- repères pour une mise en œuvre efficace.

Appréhender Lean Six Sigma avec un point de vue critique, en mettant en lumière les points forts aussi bien que les points faibles, pour permettre au lecteur de se forger sa propre opinion.

Aboutir à une perspective plus nuancée, plus équilibrée et donc plus réaliste du potentiel et des limites de Lean Six Sigma.

Frontières

Ce livre n'est pas un manuel sur la mise en application de la démarche DMAIC et de ses outils, ces aspects étant déjà largement décrits dans la littérature actuelle. Les impacts humains, culturels et managériaux seront donc privilégiés aux aspects techniques.

Afin de proposer un point de vue original, l'accent sera donc volontairement mis sur le potentiel managérial de Lean Six Sigma et les écueils à éviter en termes de déploiement.

Introduction

Plus de deux cents livres sur les thèmes de Six Sigma et de Lean, qui lui est désormais associé, ont été écrits. Le moteur de recherche Google retourne plus d'un million de résultats pour ces mots-clés. Cette approche, rendue célèbre par sa mise en œuvre chez General Electric, connaît depuis quelques années un succès quasi phénoménal outre-Atlantique. Les résultats présentés par les grands groupes américains engendrent donc auprès des personnes intéressées par Lean Six Sigma des attentes à la mesure des promesses évoquées. Cependant, on peut se demander si ces attentes sont réalistes.

J'ai découvert et participé à des projets Six Sigma au sein d'une entreprise américaine, alors que le déploiement de cette approche en France n'en était qu'à ses prémices. De là est née l'envie de tester cette approche en dehors du cadre de cette entreprise, afin d'aboutir à une connaissance plus objective de Lean Six Sigma, en confrontant expériences sur le terrain et ouvrages spécialisés.

D'une part, il est vrai qu'en examinant l'abondante littérature, majoritairement anglo-saxonne, les déclarations de certains chefs d'entreprise et la plupart des articles de presse, on est amené à penser que l'histoire de Lean Six Sigma depuis une décennie n'a été marquée que par une série de succès retentissants.

D'autre part, les discussions informelles que j'ai eues avec divers experts, ainsi que certains articles de revues spécialisées, portent plutôt à penser que la réalité du terrain n'est pas toujours aussi simple. Il est donc légitime de se demander si Lean Six Sigma est une méthode adaptée à différentes cultures, et en particulier pour les organisations européennes. Cette question en appelle d'autres plus spécifiques :

- Quels sont les enjeux organisationnels liés à Lean Six Sigma ?

- N'y a-t-il aucune limite à cette approche ou aucun écueil lié à sa mise en œuvre ?

- Dans quelle mesure la culture influence-t-elle sa mise en œuvre ?

- Quel est le potentiel de Lean Six Sigma en termes de management ?

- Comment mettre en œuvre Lean Six Sigma dans les organisations européennes ?

À partir d'observations relatives au déroulement de projets Lean Six Sigma, cet ouvrage vise à proposer quelques explications susceptibles de clarifier les phénomènes observés. La démarche objective choisie dans ce livre permettra au lecteur de se forger sa propre opinion, d'adapter le déploiement de Lean Six Sigma à son organisation ou à son équipe et de mener les projets en se posant les bonnes questions.

Afin de favoriser une approche pragmatique, des experts en Lean Six Sigma (Master Black Belts) et des managers apportent ici leurs témoignages et partagent leurs expériences concrètes de projets Lean Six Sigma menés dans des organisations européennes de l'industrie et des services.

Au cours de cet ouvrage, nous aborderons d'abord quelques-unes des caractéristiques du contexte de la qualité et de Lean Six Sigma mises en relief par différents cas d'entreprises. Puis nous évoquerons successivement les principales caractéristiques du potentiel managérial de Lean Six Sigma qui nous apparaissent significatives et éclairantes sur cette démarche, ainsi que quelques repères pour exploiter ce potentiel dans les organisations européennes. Nous terminerons en décrivant les écueils que l'on peut rencontrer lors de la mise en œuvre de Lean Six Sigma dans une organisation.

Chapitre 1

Lean Six Sigma :
origines, spécificités et enjeux

Les spécificités de Lean Six Sigma
par rapport aux autres approches qualité

Six Sigma : un concept complexe aux dimensions multiples

La lettre grecque « sigma » représente à l'origine une unité de mesure statistique qui définit la variabilité ou la dispersion de données. Par extension, plus le « sigma » d'un processus est élevé, plus les éléments sortants du processus (produits ou services) satisfont les besoins du client, et plus les défauts de ce processus sont rares.

Pour avoir une meilleure idée de la façon dont est présentée cette démarche d'amélioration de la qualité outre-Atlantique, voici une citation issue du plus grand organisme américain dédié à la qualité, l'American Society for Quality (ASQ), en réponse à la question « Qu'est-ce que Six Sigma ?[1] » : « Six

---

1. Source : http://www.asq.org/

Sigma est une philosophie d'amélioration de la qualité fondée sur les faits et les données, pour laquelle la prévention des défauts prévaut sur leur détection. Cette approche conduit à la satisfaction des clients et à des résultats opérationnels en réduisant la variation et les gaspillages, résultant dans l'acquisition d'un avantage compétitif. Six Sigma trouve une application partout où la variation et les gaspillages existent, et tous les employés doivent être impliqués. Une performance de qualité 6 sigma représente seulement 3,4 défauts par million d'opportunités. »

QU'EST-CE QUE SIX SIGMA ?

On retient donc que Six Sigma :

- se focalise sur les faits et les données ;
- tend à anticiper et détecter les défauts ;
- a pour but la satisfaction du client et l'amélioration des résultats opérationnels.

Il en ressort également différentes dimensions :

- une dimension stratégique, puisque tournée vers l'obtention d'un avantage compétitif ;
- une dimension « philosophique » d'amélioration de la qualité ;
- une dimension statistique, *sigma* faisant référence à la notion de variabilité et d'écart type.

À ce stade, on peut se demander quelles sont les spécificités de Six Sigma par rapport aux autres approches liées à la qualité. Afin de mieux les appréhender, il peut être utile de se référer aux origines de cette démarche.

Lean Six Sigma : des outils hérités d'une longue tradition de qualité

Lean Six Sigma a capitalisé sur des outils pré-existants, mis au point par les précédentes expériences du monde de la qualité :

- cartographie des flux de valeur ;

- diagrammes de Pareto et de Kano ;

- technique des cinq « pourquoi » ;

- diagramme en arêtes (Ishikawa) ;

- brainstorming et techniques de créativité ;

- AMDEC (Analyse des Modes de Défaillance, de leurs Effets et de leur Criticité) ;

- cartes de contrôle ;

- arbre des causes ;

- management visuel…

Regardons de plus près l'évolution des domaines d'application de Lean Six Sigma. Historiquement, Lean Six Sigma est issu du monde de l'industrie. Le concept Lean est ainsi né chez Toyota au Japon, pour répondre à des problématiques de l'industrie automobile. Par ailleurs, à la fin des années 1980, Motorola a été le pionnier en lançant un déploiement Six Sigma qui lui aurait permis d'économiser plus de deux milliards de dollars sur une période de quatre ans. Allied-Signal, Texas Instruments et General Electric ont ensuite lancé leur propre programme Six Sigma et communiqué massivement sur leurs résultats. Lean Six Sigma a d'abord été appliqué aux processus de production, puis aux processus transactionnels (achats, facturation, etc.). L'approche a par la suite été mise en place dans le domaine des services, notamment dans les secteurs de la banque et de l'assurance, pour répondre aujourd'hui à des problématiques de plus en plus complexes, y compris dans certaines collectivités et certains gouvernements (cf. partie «Adapter Lean Six Sigma au secteur d'activité»).

D'abord utilisées isolément, les deux approches Lean et Six Sigma ont été combinées en raison de leur complémentarité. La satisfaction des clients à travers l'excellence opérationnelle et l'amélioration continue représentent leurs objectifs communs.

LES APPORTS COMPLÉMENTAIRES DE LEAN ET SIX SIGMA

Lean	Six Sigma
Objectifs principaux	*Objectifs principaux*
• Éliminer les gaspillages ;	• Réduire la variabilité ;
• Rapidité avec moins de ressources (« Faire plus, plus vite ») ;	• Qualité ;
• Approche intuitive, résolution de problèmes simples.	• Approche analytique et rationnelle, résolution de problèmes complexes.
Outils exploités (exemples)	*Outils exploités (exemples)*
• Value Stream Mapping, 5S ;	• Voix du Client (VOC) ;
• Analyse de la valeur ajoutée ;	• Statistiques ;
• Juste À Temps ;	• Outils par étapes du DMAIC (SIPOC, Ishikawa, AMDEC...) ;
• Standardisation des méthodes de travail ;	• Cartes de contrôle.
• Kaizen.	
Résultats	*Résultats*
• Résultats visibles à court terme, par « petits pas », vers la pérennisation.	• « Fruits mûrs » (gains relativement rapides) ;
	• Résultats à moyen et long terme.

Bien souvent, les organisations commencent par utiliser le Lean, approche plus intuitive, avant de lancer des projets exploitant les outils du Six Sigma. Au fur et à mesure de l'expérience accumulée dans les projets, les organisations se montrent souvent plus modérées et plus justes dans le choix de leurs outils.

Si Lean Six Sigma a en commun avec les autres approches qualité une bonne partie de ses outils méthodologiques, certains aspects-clés l'en distinguent et font son originalité.

Lean Six Sigma présente trois différences-clés par rapport aux autres démarches qualité

Une analyse de l'abondante littérature produite sur Lean Six Sigma et des discussions menées auprès des experts permet d'en extraire trois caractéristiques majeures qui semblent la distinguer des autres approches :

- une organisation dédiée ;

- une méthodologie par étapes ;

- une culture de la mesure.

Une organisation dédiée

L'organisation, composée de Master Black Belts, Black Belts et Green Belts, est caractéristique de la gestion des projets

Lean Six Sigma. Ce mode de management avec des acteurs souvent internes à l'entreprise est considéré comme une des particularités de cette démarche.

Les rôles de chacun des acteurs ne font pas l'objet de normes internationales à proprement parler. Néanmoins, il existe d'une organisation à l'autre certaines tendances communes :

- *Le Sponsor*, souvent membre de la direction, soutient le projet et supporte l'équipe en levant les obstacles et les points bloquants. Décisionnaire, il valide chaque étape du projet, attribue les ressources et s'assure que les directions prises sont cohérentes avec la stratégie de l'organisation. Il communique dans l'organisation sur le projet et son niveau d'avancement.

- *Le chef de projet* est l'interlocuteur métier privilégié des experts Lean Six Sigma, il est responsable de la validation de chaque étape et des résultats des projets. Du début à la fin du projet, il s'approprie les conclusions des analyses, le plan d'action et est garant de la pérennisation des résultats. Il consacre de 20 à 50 % de son temps au projet Lean Six Sigma.

- *Les membres de l'équipe projet* apportent leur expertise des métiers et contribuent à la mise en œuvre des actions d'améliorations. Ils consacrent de 15 à 20 % de leur temps au projet d'amélioration.

- *Les Master Black Belts* possèdent l'expérience la plus étendue sur des projets Lean Six Sigma. Garants de la méthodologie, ils assurent la formation puis le coaching des Black Belts, ainsi que l'aide à la résolution des problématiques les plus complexes. Ils interviennent au niveau de la stratégie et du déploiement de Lean Six Sigma, notamment à travers la sélection des projets et le pilotage global du programme.

- *Les Black Belts* sont généralement dédiés à plein temps à la mise en œuvre de Lean Six Sigma. Experts de la méthode, ils sont responsables d'un ou plusieurs projets menés simultanément. Ils animent l'équipe projet autour de l'amélioration des processus, rendent compte de l'avancement des projets lors des comités de pilotage et auprès des sponsors. Dans certaines entreprises, ils forment et coachent également les Green Belts en les guidant notamment sur l'utilisation des outils et l'interprétation des données.

- *Les Green Belts* consacrent environ 20 % à 25 % de leur temps aux projets Lean Six Sigma. La plupart du temps experts du processus qu'ils améliorent, ils appliquent la méthode sur des problématiques spécifiques.

Les rôles de Master Black Belts sont assurés dans certaines organisations par des consultants externes, notamment lorsque la taille de l'entreprise ou la maturité du déploiement ne permettent pas de disposer de ces compétences en interne.

En outre, des structures de gouvernance Lean Six Sigma sont souvent mises en place dans les entreprises, à deux niveaux :

- *Une structure de pilotage du programme Lean Six Sigma* regroupe l'ensemble des sponsors, la direction générale, les responsables du déploiement, et souvent des fonctions telles que le contrôle de gestion, la comptabilité ou la direction financière, ainsi que la direction des ressources humaines et la direction de la communication. Cette instance valide les orientations stratégiques du déploiement Lean Six Sigma au sein de l'organisation qui vont impacter les différentes directions citées. Les problématiques concernent des aspects tels que la sélection des projets, le développement des compétences, le suivi des gains financiers des projets, etc. ;

- *Des comités de pilotage* dédiés à chacun des projets regroupent les sponsors, chefs de projet, Black Belt et membres des équipes afin de suivre l'avancement des travaux. Ces comités représentent une instance de validation de chaque étape et de décisions sur les grandes directions à prendre. Ils sont l'occasion de partager les résultats des analyses, les pistes d'amélioration remontées par l'équipe, ainsi que les résultats de la mise en œuvre des actions d'amélioration.

Témoignage

Pour **Denis Bouteille**, Master Black Belt chez Areva, le fait de faire appel à ces ressources dédiées et sélectionnées est un facteur-clé de succès des projets Lean Six Sigma. À travers le recrutement et la formation, l'objectif est de développer le professionnalisme des ressources Lean Six Sigma, et par conséquent de professionnaliser l'amélioration continue.

.../...

Dans ce contexte de changement de culture organisationnelle, l'amélioration continue est en effet en train de se standardiser, d'être valorisée et de devenir une fonction à part entière dans les organisations, au même titre que les ressources humaines.

Selon Denis Bouteille, il existe deux possibilités pour mettre en place de nouvelles fonctions « support » :

- soit la fonction n'existe pas à proprement parler et est placée sous la responsabilité des managers, avec le risque que les aspects opérationnels prennent le pas sur cette fonction ;
- soit la fonction est créée au sein de l'organisation, avec des équipes dédiées, avec le risque qu'elle soit trop isolée des réalités du cœur de métier.

Dans les organisations matricielles, on peut considérer qu'une fonction est devenue mature lorsqu'elle remplit son rôle tout en étant proche du cœur de métier, c'est-à-dire qu'elle a réussi, par sa proximité, à créer une forme de partenariat avec les managers. Bien entendu, ce degré de maturité nécessite de passer par plusieurs étapes intermédiaires de transition que l'organisation doit tenter de définir au préalable.

Un des avantages de cette organisation avec des ressources humaines dédiées à Lean Six Sigma est de permettre aux participants de monter en compétences dans l'action, au fur et à mesure des projets réalisés. Les compétences acquises vont également profiter aux équipes avec qui les experts de la méthodologie vont travailler, en diffusant certains « réflexes » tels que le fait de se demander ce que veut réellement le client, l'habitude de prendre des décisions fondées sur les faits et les données, ou encore le pilotage de l'activité.

Lean Six Sigma a donc vocation à impliquer tous les acteurs de l'organisation dans l'amélioration continue, notamment à travers la sollicitation des opérationnels pour l'amélioration de leur propre travail.

Une méthodologie par étapes

Les projets Lean Six Sigma s'articulent autour de deux types de stratégies structurées :

- le DMAIC (Define, Measure, Analyse, Improve, Control) pour les projets d'amélioration ;

- le DFSS (Design For Six Sigma) pour les projets d'innovation et de conception.

Le DMAIC est destiné à cadrer la résolution de problèmes et l'amélioration des produits et services dans les organisations. Il est composé de cinq étapes ordonnancées selon une logique qui peut sembler de bon sens, bien que cet enchaînement ne soit pas toujours respecté spontanément dans les faits :

- définir le problème, les objectifs du projet et les besoins des clients ;

- mesurer les performances actuelles du processus et quantifier les problèmes ;

- analyser le processus et identifier les causes profondes des défauts ;

- améliorer le processus en réduisant ou éliminant les défauts ;

- contrôler et maintenir la performance du processus amélioré.

Un peu à la manière de certaines formes de médecines qui vont chercher à connaître la cause des symptômes pour apporter au patient un remède plus efficace et durable contre la maladie, le DMAIC vise à fournir un diagnostic approfondi des problèmes rencontrés dans les organisations avant de les résoudre. C'est pourquoi le problème doit être soigneusement décrit avant d'être quantifié, les causes profondes clairement identifiées pour que les solutions développées en phase d'amélioration s'attaquent à la racine du problème.

Les projets Lean Six Sigma ne sont pas destinés à apporter des solutions ponctuelles ou à court terme aux problèmes rencontrés, ils impliquent donc une forte implication des équipes projet et des changements profonds. En d'autres termes, si les projets Lean Six Sigma peuvent mettre en évidence des gains rapides, leur finalité est de résoudre les problèmes de manière pérenne, en se focalisant sur les points faibles les plus critiques. Pour ce faire, les équipes doivent accepter de remettre en question leurs modes de fonctionnement pour pouvoir remonter aux causes profondes des problèmes.

De multiples outils issus du monde de la qualité, des statistiques ou encore de la gestion de projets sont associés à chacune des phases du DMAIC. Les équipes projet disposent donc d'une boîte à outils riche et diversifiée, et le rôle des experts de la méthodologie consiste en partie à les guider dans le choix et l'utilisation appropriée de cette multitude d'outils en fonction des phases des projets et des problématiques rencontrées.

Témoignage

Selon un **Master Black Belt** travaillant dans une société financière internationale, les deux étapes-clés du DMAIC sont « Define » et « Control ». En effet, la phase de définition va permettre en début de projet de déterminer qui est le client du processus, notamment à travers la VOC (Voice Of the Customer) qui permet de mieux appréhender les besoins et attentes des clients. En fin de projet, la phase de contrôle va permettre à l'équipe de valider les améliorations apportées au processus et de s'assurer qu'il n'y aura pas de régression. Le Design For Six Sigma, axé sur l'innovation et la conception, représente quant à lui une seconde étape du déploiement de Lean Six Sigma dans l'organisation.

Le Design For Six Sigma (DFSS) est une approche structurée destinée à la conception de nouveaux produits, services ou processus, à partir des besoins des clients. Contrairement au DMAIC, il n'existe pas d'acronyme utilisé de manière quasiment universelle pour les projets d'innovation. En effet, on

13

peut citer le DMADV (Define, Measure, Analyse, Design, Verify) ou l'IDOV (Identify, Design, Optimize, Verify) dont les principes sous-jacents et les livrables sont proches. Dans la pratique, le DFSS est préféré au DMAIC lorsque :

- l'écart entre le produit ou service actuel et les attentes des clients est trop important ;

- les problèmes sont particulièrement difficiles à identifier précisément.

Le DFSS représente souvent une étape de maturité supplémentaire dans les déploiements Lean Six Sigma, une fois que l'organisation a atteint un certain degré de maîtrise des projets DMAIC.

> Outre les aspects de brainstorming et de génération d'idées nouvelles que l'on va retrouver dans les phases de recherche des causes et de solutions dans les projets DMAIC, le DFSS montre que la réduction de la variabilité que sous-tend Lean Six Sigma n'est pas incompatible avec la créativité et l'innovation dans l'organisation.

Cette approche structurée, qui n'est pas sans rappeler le PDCA (Plan, Do, Check, Act) ou roue de Deming, est considérée par de nombreux experts comme l'atout majeur de Lean Six Sigma. On peut considérer la méthodologie par étapes comme une spécificité de Lean Six Sigma, dans la mesure où le respect des phases tout au long des projets est réellement systématique dans cette approche.

En tant que synthèse des précédents mouvements de la qualité, Lean Six Sigma présente ainsi l'avantage de proposer une utilisation ordonnancée et structurée des nombreux outils qui sont mis en cohérence avec les différences phases des projets d'amélioration. Ce cadre méthodologique va faciliter la compréhension et la résolution des problématiques organisationnelles. Le respect de l'ordonnancement des étapes permet également d'instaurer un certain niveau de rigueur et de discipline dans la gestion de projets. Le DMAIC fournit à cet égard une approche structurée qui va favoriser la coordination de l'ensemble des acteurs impliqués.

Une culture de la mesure

Comme son nom le suggère («sigma» fait référence à la notion d'écart type), Lean Six Sigma est une méthode d'amélioration de la qualité (plus précisément de réduction de la non-qualité) reposant à l'origine sur la mise en place de mesures, puis d'une maîtrise statistique des processus évalués au travers de ces mesures. L'analyse approfondie des données – issues des différents services concourant au processus étudié – permet souvent de mettre en évidence des dysfonctionnements et axes d'amélioration qui ne seraient pas nécessairement apparus hors de ce cadre.

Cette culture de la mesure se traduit tout au long de la vie des projets, notamment :

- *en amont des projets*, lors de l'analyse coûts-bénéfices qui va permettre de sélectionner les projets les plus rentables potentiellement ;

- *au début des projets*, lors de la détermination des besoins des clients par la définition d'indicateurs tels que les CTQs (Critical To Quality ; traduction des engagements pris vis-à-vis des clients en spécifications internes mesurables) ;

- *pendant les projets*, avec la mise en place d'outils de pilotage (indicateurs et tableaux de bord) qui vont permettre de donner davantage de visibilité sur l'activité, d'anticiper les risques et d'agir avant d'atteindre des niveaux de criticité trop élevés ;

- *en aval des projets*, lors de la détermination du retour sur investissement et du suivi des gains du projet lors de l'étape de contrôle.

Témoignage

Pour **Michel Bacquet**, Master Black Belt : « Il est préférable que la société dans laquelle on veut implémenter Six Sigma ait un minimum de formalisme. Dans la filiale commerciale française d'un groupe international, l'absence de formalisme, de culture de la mesure a longtemps été préjudiciable au déploiement de

.../...

© Groupe Eyrolles

Six Sigma. Les forces de vente se sentaient contrôlées alors qu'elles avaient jusque-là bénéficié d'un flou considérable, notamment en ce qui concernait la part variable du salaire. »

Pour **Denis Bouteille**, Master Black Belt chez Areva, le succès du déploiement de Six Sigma chez General Electric réside en partie dans la mise en place d'indicateurs et dans la validation rigoureuse des mesures effectuées.

La mise en place d'indicateurs représente souvent une première étape de la mise sous contrôle d'un processus :

- elle va permettre de prendre acte d'une situation de départ (avant le projet) et de fixer les objectifs de la situation d'arrivée en fonction du progrès souhaité ;

- en outre, il a été démontré que le simple fait d'observer et de mesurer la performance des employés résulte souvent en des améliorations de productivité, par un effet purement motivationnel (effet Hawthorne).

Dans ce contexte, il semble qu'instaurer la culture de la mesure à de multiples niveaux de l'organisation soit un levier de la réussite des projets Lean Six Sigma.

Pour synthétiser les caractéristiques de Lean Six Sigma, voici un résumé élaboré par la section québécoise de l'ASQ[1] :

QU'EST-CE QUE LEAN SIX SIGMA ?

Lean Six Sigma en cinq points :

- philosophie : excellence et zéro défaut ;
- objectifs : réduction de variabilité et gain financier à court terme ;
- approche : intervention structurée pour l'amélioration continue ;
- méthodologie : définir, mesurer, analyser, améliorer (« improve ») et contrôler (DMAIC) ;
- outils : utilisation systématique des outils de la qualité.

On peut ajouter à cette liste :

- une organisation dédiée, constituée de sponsors, chefs de projet métier, équipes projet, Master Black Belts, Black Belts et Green Belts ;
- une culture de la mesure, exploitant l'analyse des données et les indicateurs de pilotage.

Organisation dédiée, méthodologie par étapes et culture de la mesure semblent donc être les spécificités de Lean

---

1. Jean-Guy LEGENDRE, « Le colloque Six Sigma, une activité couronnée de succès », *Bulletin de l'ASQ section québécoise (0404)*, septembre 2002.

Six Sigma dans le monde de la qualité. Lean Six Sigma a, comme nous l'avons vu, bénéficié des précédentes approches d'amélioration et de gestion de projets, tant du point de vue des principes et des outils qui ont fait leur preuve que du point de vue des erreurs qui ont pu être commises lors des déploiements passés. À ce titre, Lean Six Sigma représente probablement l'approche globale d'optimisation des processus et d'amélioration continue la plus complète et la plus aboutie à ce jour.

Compte tenu de la complexité du concept et de la multiplicité de ses acceptions, nous reviendrons au cours de cet ouvrage sur les différents aspects et dimensions soulevés ici.

LES BONNES QUESTIONS À SE POSER AVANT DE SE LANCER DANS UN DÉPLOIEMENT

Objectifs de l'organisation

- Qui est à l'origine du projet de déploiement de Lean Six Sigma dans l'organisation ?
- Quels sont les objectifs du projet de déploiement ?
- Quels sont les liens entre le déploiement de Lean Six Sigma et le plan stratégique de l'organisation ?
- La mise en place de Lean Six Sigma dans l'organisation fait-elle partie des objectifs stratégiques ?

Maturité de l'organisation

- Des démarches qualité ont-elles déjà été lancées dans l'organisation ?
- Quels ont été les résultats des précédentes démarches qualité ?
- Quels apprentissages peut-on retirer de ces expériences (qu'est-ce qui a bien fonctionné, mal fonctionné et pourquoi) ?
- Existe-t-il une culture de la mesure, de la performance ?
- Un système qualité est-il déjà en place dans l'organisation ?
- À quel niveau la notion de processus est-elle prise en compte au sein de l'organisation actuelle ? Existe-t-il une cartographie des processus et/ou des responsables de processus ?
- La gestion de projet est-elle outillée dans l'organisation ? Est-elle maîtrisée au sein des différents services ?
- Dans quelle mesure les attentes du client sont-elles prises en compte actuellement ?

Moyens mis en œuvre

- Quel est le niveau d'implication de la direction dans le projet de déploiement ?
- Quelles ressources ont été prévues pour mener la démarche ?
- La disponibilité des acteurs participant aux projets d'amélioration est-elle une priorité ?
- Est-il prévu d'intégrer la participation des acteurs à leurs objectifs et de libérer du temps pour cette activité ?
- Un dispositif de suivi des résultats des projets a-t-il été prévu ?

Des enjeux stratégiques

Les enjeux liés à Lean Six Sigma sont assez proches de ceux des précédents mouvements de la qualité, avec des niveaux d'exigence probablement encore plus élevés. Ils sont multiples et se situent à de nombreux niveaux dans les organisations.

La qualité repose sur des enjeux internes et externes à l'organisation

Globalement, les enjeux externes ont surtout trait à l'aspect commercial, puisque l'entreprise doit aujourd'hui faire face à un marché européen voire mondial. La qualité va donc être utilisée dans les relations en amont et en aval de l'organisation afin d'instaurer la confiance avec les différents partenaires et viser à leur satisfaction de manière à pérenniser les relations établies.

D'un point de vue historique, la qualité cherchait à décrire avec rigueur le système de production sur les plans technique, organisationnel et humain pour obtenir la confiance des clients. Depuis, elle tend aussi à anticiper les besoins futurs des clients.

En outre, les enjeux internes concernent des activités de contrôle rationalisées entre les différents services de l'entreprise, aboutissant à des retombées économiques grâce à une plus grande efficacité et donc une meilleure rentabilité.

De plus, en termes de motivation du personnel, la qualité contribue à :

- améliorer la communication interne entre les équipes, ainsi que les relations avec les clients et les fournisseurs au sein de l'organisation ;

- mobiliser et rassembler l'ensemble du personnel autour d'un même projet, orienté vers la satisfaction du client.

Les organisations attendent beaucoup de la qualité

C'est ce qui ressort d'un dossier où Claire Bessede[1] met en relief les attentes et les tendances des entreprises concernant la qualité. Ainsi, d'après une étude conduite en 2000 auprès des chefs d'entreprise de 1 500 établissements industriels, il s'avère que les objectifs des réformes dans la gestion des entreprises visent avant tout à (par ordre décroissant) :

- éviter les pertes de temps et le gaspillage dans la production ;

- améliorer la qualité des produits ;

- renforcer le positionnement commercial ;

---

1. Claire BESSEDE, « La qualité : une démarche pour répondre aux attentes du client », ministère de l'Économie, des Finances et de l'Industrie, 2000, 4 p.

- améliorer la relation client ;

- réduire les stocks.

La notion de qualité tend à englober un nombre croissant d'aspects liés à la gestion de l'entreprise : le personnel, la sécurité, l'innovation, l'environnement... Plus de 40 % des entreprises interrogées mettraient en œuvre une stratégie globale prenant en compte plusieurs domaines de la gestion.

À propos de la mise en œuvre de la qualité, plus de 60 % des entreprises certifiées pensent qu'une démarche formalisée est indispensable. Plus l'entreprise est grande, plus l'utilité d'une démarche formalisée est reconnue.

À titre d'exemple, les entreprises ont été interrogées sur les avantages et inconvénients d'une certification ISO 9000, approche de gestion de la qualité centrée sur l'organisation de l'entreprise. Les entreprises déjà certifiées citent principalement les avantages suivants (par ordre décroissant) :

- oblige à repenser l'organisation et rationaliser ;

- évite de perdre des clients ;

- renforce le potentiel de savoir-faire de l'entreprise ;

- motive le personnel ;

- permet de gagner des clients ;

- permet de réduire les coûts.

Outre ces enjeux communs avec les précédentes approches d'amélioration de la qualité, les entreprises américaines affichent souvent des résultats financiers impressionnants, qu'elles attribuent à la mise en place de Lean Six Sigma.

Nous nous efforcerons ici de faire la part des choses entre les idées reçues sur les approches qualité et la réalité du terrain.

> Finalement, c'est la performance globale de l'organisation qui semble être en jeu avec Lean Six Sigma, avec des répercussions sur tous les aspects de l'organisation. Dès lors, Lean Six Sigma représenterait un enjeu stratégique de taille pour n'importe quelle organisation, quels que soient sa taille et son secteur d'activité.

C'est ce constat d'apparente omnipotence qui m'a amené à m'interroger sur la véracité de ces bénéfices couramment et abondamment mis en avant dans la littérature, la presse et au sein de certaines organisations : que peut-on réellement attendre de Lean Six Sigma ?

La satisfaction du client : un positionnement stratégique

Lean Six Sigma a pour objectif prioritaire la satisfaction des clients. Cet objectif se traduit concrètement dès le début de la mise en œuvre des projets par la détermination de la « voix du client ». Tout ou partie des clients externes et internes au processus vont être sollicités afin de clarifier leurs besoins respectifs. Une telle démarche peut paraître logique, pourtant il n'est pas rare que l'organisation croit connaître les attentes de ses clients, sans pour autant prendre le soin de s'en enquérir auprès des principaux intéressés ! Les étapes suivantes de la démarche vont viser à traduire les besoins des clients en caractéristiques mesurables du produit ou service concerné, afin de s'assurer que les engagements pris vis-à-vis des clients seront respectés à l'issue du projet d'amélioration.

Ce positionnement n'est pas sans rappeler le principe n° 1 – orientation client – des «principes de management de la qualité» de l'Organisation internationale de normalisation (ISO), relatifs au système de management de la série ISO 9000:2000. Ces principes sont destinés à être utilisés par la direction pour servir de cadre à l'amélioration des performances de l'organisme. Les aspects découlant de l'application du principe 1 «orientation client» sont :

- «cerner et comprendre les besoins et les attentes du client ;
- assurer que les objectifs de l'organisme sont en phase avec les besoins et les attentes du client ;
- exposer les besoins et les attentes du client dans tout l'organisme ;
- mesurer la satisfaction du client et agir sur les résultats ;
- gérer méthodiquement les relations avec le client ;
- assurer, dans la démarche visant la satisfaction de la clientèle, une approche équilibrée avec les autres parties inté-

25

ressées (notamment les propriétaires, les employés, les fournisseurs, les financiers, les collectivités locales et la société dans son ensemble).»

L'objectif de satisfaction des clients représente donc un positionnement stratégique dans la mesure où il permet de clarifier les besoins des clients de manière à fournir des produits et services répondant au plus juste à leurs exigences (ni plus, ni moins: pas de «sur-qualité»). Lean Six Sigma représente dans ce contexte un moyen de se rapprocher de la vision et des valeurs de nombreuses organisations qui placent le client au centre de leurs préoccupations. Cet objectif s'intègre en outre pleinement aux principes des systèmes de management de la qualité tels que définis par ISO.

La place du management par processus au sein des organisations

On peut définir un processus comme un ensemble cohérent d'activités concourant à la création d'un même produit ou service. Le concept de processus implique les notions de transversalité (interactions entre les équipes ou services de l'organisation) et de finalité (répondre aux besoins du client final). L'approche par processus est indépendante des types d'organisations, elle fournit à ce titre une grille de lecture transverse, orientée vers les clients. Ce concept, couramment diffusé et enseigné dans les universités américaines, n'est pas aussi largement répandu ni utilisé dans les organisations françaises.

© Groupe Eyrolles

Par extension, l'approche du management par processus a pour objectif de favoriser l'orientation des activités de l'organisation vers les clients, en développant une culture de la transversalité entre les différents services. Ce mode de fonctionnement permet à chacun des acteurs de l'organisation de prendre conscience des activités en amont et en aval de sa propre équipe et des impacts que vont avoir ses propres actions sur le reste du processus. Cette vision d'ensemble favorise les interactions inter-services, met l'accent sur la communication et la notion d'interfaces entre les équipes en décloisonnant les différentes activités de l'organisation.

Le management par processus fournit les conditions propices à des relations de qualité au sein de l'organisation, dans la mesure où il amène les équipes en amont (fournisseurs internes) à considérer les services en aval comme des clients internes de leur activité, notion souvent nouvelle pour les organisations. Lors de la mise en œuvre de projets Lean Six Sigma, le management par processus conduit en outre les équipes à vérifier que les actions d'améliorations ne risquent pas d'avoir un impact négatif sur d'autres processus de l'organisation.

Les approches qualité placent depuis quelques années le management par processus au cœur de leur dispositif. Ainsi, la norme ISO 9000 a subi une révision majeure en 2000, et repose depuis sur une approche processus. On peut ainsi lire dans le recueil de norme ISO 9001 (2000) : « L'avantage de cette approche est le contrôle continu qu'elle autorise sur les liens entre les processus pris isolément et un système composé de processus, ainsi que leur combinaison et leur interaction.» La Fondation européenne pour le management de la qualité (EFQM) a également centré son modèle d'auto-évaluation des organisations sur les processus.

Les objectifs d'amélioration de la qualité à travers le management par les processus ne sont donc pas nouveaux, même si les modèles ISO ou EFQM décrivent plus les processus de manière statique qu'ils ne permettent de les améliorer. Lean Six Sigma, à travers la méthodologie DMAIC et sa «boîte à outils», vise à fournir les moyens d'atteindre cet objectif d'amélioration des processus et d'insuffler une dynamique d'amélioration continue dans l'organisation.

Le management par processus a également un impact sur la façon de gérer les équipes, et nécessite l'émergence d'une nouvelle fonction transverse: le pilote de processus. En effet, le pilote de processus va être amené à gérer les équipes de plusieurs services, son autorité ne relève donc pas de la hiérarchie. Garant de la prise en compte des besoins des clients et de l'amélioration permanente du processus, son rôle dans l'organisation peut s'apparenter davantage à du coaching et de la coordination d'équipes qu'à du management «classique». Disposant d'une vue d'ensemble de la chaîne de valeur jusqu'au client final, le pilote de processus est à même de faciliter la communication et l'échange d'informations entre les équipes.

Témoignage

Philippe Roquel, pilote de processus et manager de pilotes de processus chez EDF

Quel est l'intérêt du management par processus dans votre métier ?

Pour le monde actuel des systèmes d'information dits « agiles » où une information saisie dans le transactionnel a un impact sur l'ensemble des couches du SI (interfaces entre applications, *datawarehouse* ou infocentre...), le management par processus est devenu une nécessité.

Autant l'assistance technique en direct avec l'utilisateur (centre d'appels) peut se concevoir en « silos » ou modules (gestion, comptabilité, achats...) où chaque domaine peut être appréhendé séparément, autant l'approche par processus métiers s'impose pour le système d'information intégré, surtout dans le domaine finance-gestion. Dans ce cas, elle devient une approche d'assistance ou accompagnement qui nécessite une connaissance des processus métiers, par exemple le processus de clôture comptable.

Cette organisation par processus nous permet une meilleure appréhension et compréhension de l'activité des utilisateurs, et donc d'avoir une plus grande réactivité et flexibilité. C'est pourquoi, lorsqu'un incident arrive et qu'il déclenche un processus d'escalade de résolution, il est nécessaire de désigner temporairement un « pilote de crise ». Ce dernier, grâce à son rôle transverse, sera à même de mener à bien la résolution de l'incident sur l'intégralité du périmètre concerné.

Puisque le système d'information se doit aujourd'hui d'être « agile », il est impératif que l'organisation de toute entreprise le soit aussi afin d'être performante et concurrentielle.

Pour moi l'organisation par processus contribue à l'amélioration de la performance d'un service voire d'une entreprise.   .../...

29

Quel est le rôle du pilote de processus ?

Le rôle du pilote de processus dans le contexte organisationnel actuel, et notamment au regard de la complexité des systèmes d'information, est primordial. Pour moi, le pilote de processus n'a pas nécessairement un niveau hiérarchique très élevé, mais il doit être légitime et reconnu, il doit s'investir sur l'ensemble des processus, il ne lui est pas demandé de résoudre mais de comprendre pour valider les options de résolution. Le pilote doit donc être au plus proche du métier pour comprendre, analyser et converser dans le langage de l'utilisateur/du client.

Responsable du maintien de la mobilisation et de la motivation des acteurs pour atteindre les jalons du projet, le pilote de processus doit être un animateur et un coordinateur pour assurer le bon fonctionnement du processus dont il a la responsabilité.

En gardant l'exemple du processus de clôture comptable, le pilote de processus doit organiser et coordonner l'ensemble des acteurs pour mener à bien la clôture dans l'univers du transactionnel. Par ailleurs, il doit également rendre compte des impacts potentiels de son activité aux autres pilotes dont les processus sont en interaction avec son propre processus tel que le pilote du processus de consolidation des comptes dans le cas d'une clôture des comptes, dont le processus est transverse dans l'univers des *datawarehouse* ou autre *datamart*.

Le pilote de processus participe en quelque sorte à la cohérence et l'interopérabilité entre les systèmes d'information « partenaires ».

Comment décliner les objectifs du processus et assurer le suivi des indicateurs ?

Les outils tels que les tableaux de bord et faits marquants permettent de planifier, d'analyser et bien sûr de communiquer sur le suivi des processus. En « mode projet », la constitution

.../...

d'objectifs et donc le suivi des indicateurs se déclinent assez facilement par rapport aux jalons et livrables définis pour le projet. Cette déclinaison est plus délicate dans la phase dite « mode pérenne » pour le suivi et la gestion des activités.

Quels sont les impacts sur la culture organisationnelle et les difficultés rencontrées ?

Dans cette logique de processus, la fragilité peut résider ou apparaître avec une mauvaise coordination ou un mauvais arbitrage de priorités, surtout lors de la résolution d'incidents. Dans notre exemple, cette coordination doit être menée au niveau du management de l'équipe des pilotes de processus.

Les difficultés de mise en place de l'approche par processus et donc de désignation de leurs pilotes résident plus sur la compréhension de tous que le pilote n'est pas un niveau managérial supplémentaire mais plus un facilitateur du bon fonctionnement d'un processus.

L'accompagnement ou la conduite du changement doit être présentée comme une approche et une réussite collective. L'approche par processus d'une organisation se fait en complément à une organisation matricielle et permet des synergies insoupçonnées par quelques sceptiques. Un exemple est le décloisonnement des services qui facilite la communication des informations dans l'organisation.

Cette approche permet selon moi une meilleure implication et transparence des acteurs mais nécessite peut-être davantage d'efforts de coordination. Ma conviction est qu'il faut renforcer cette approche pour améliorer la polyvalence, encore timide actuellement, et surtout la gestion des compétences-clés que nécessitent les pilotes de processus.

Un pouvoir de mobilisation autour d'une culture spécifique

Correctement déployé, Lean Six Sigma peut favoriser l'émergence d'une culture propre, qui va contribuer à rassembler et motiver les participants. Lee E. Leathers[1] montre dans sa thèse comment Six Sigma peut agir en tant que «langage commun pour tous les membres de l'équipe». Il remarque qu'en quelques années, le programme mis en place chez General Electric a beaucoup évolué, à partir d'une approche très orientée «processus» jusqu'à devenir une «philosophie» globale ayant un impact sur les affaires au quotidien.

Pour Lee E. Leathers, deux caractéristiques principales ont aidé Six Sigma à réussir chez General Electric: d'abord, ils se sont focalisés sur Six Sigma en tant que philosophie plutôt qu'en tant qu'unité de mesure; ensuite, Six Sigma a été mis en place depuis le haut de la hiérarchie jusqu'en bas, avec une implication totale, à travers l'ensemble de l'organisation. Selon lui, «la chose la plus importante est que Six Sigma encourage l'amélioration continue».

---

1. Lee E. LEATHERS, *Six Sigma. Changing a Culture*, University of Louisville, 2002, 77 p.

Témoignage

Lean Six Sigma peut aboutir à une modification de l'état d'esprit dans lequel travaillent les employés d'une organisation. Pour **François Zinger**, Master Black Belt, Six Sigma n'est pas seulement une collection d'outils, mais apporte surtout un changement de culture, tourné vers la recherche de faits et de données. Selon lui, Six Sigma va donc provoquer une véritable remise en cause de l'organisation. L'apport essentiel de cette approche concernerait la rigueur employée lors de la sélection des projets, le calcul systématique de la rentabilité, qui vont assurer le retour sur investissement.

Un Master Black Belt travaillant dans une société financière internationale rappelle que « Six Sigma est puissant si l'on est pas trop rigide sur son utilisation (notamment éviter d'utiliser tous les outils proposés !), mais il est surtout un outil de management qui permet de motiver les employés sur leurs objectifs orientés "client" liés directement à ceux de l'entreprise. Six Sigma ne réussit pas si on n'a pas un P-DG engagé dans cette démarche ! »

Philippe Gignier, Master Black Belt, met en avant l'importance de la maturité de l'entreprise pour la qualité. Ainsi, une entreprise telle que General Electric avait déjà l'expérience d'initiatives comme TQM, Kaizen ou Lean, ce qui a probablement facilité le déploiement ultérieur de Lean Six Sigma.

Par ailleurs, un changement culturel à long terme implique une démarche qualité suivie, ainsi qu'une réflexion sur les données à l'échelle de l'organisation.

Enfin, pour Philippe Gignier, un des principaux apports de Lean Six Sigma est la rigueur que cette approche va engendrer, depuis la sélection des projets jusqu'à l'estimation de leur retour sur investissement.

33

Pierre Bérard, vice-président Six Sigma chez Bombardier[1], confirme cet impact sur l'état d'esprit : « Six Sigma a une visée de long terme et de changement culturel profond. [...] Six Sigma systématise et structure l'entreprise dans tout ce qu'elle est et tout ce qu'elle fait. »

Lean Six Sigma va donc permettre de maintenir une mobilisation des employés pour la qualité et l'amélioration continue.

Des opportunités de développer le leadership des participants

Lean Six Sigma fournit un environnement favorable au développement du leadership chez les participants. En effet, le mode de gestion par projets permet aux employés de se retrouver à la tête d'équipes, en leur donnant l'opportunité de s'exercer au management d'équipe, à la prise de décision, à la présentation des résultats à la direction, mais aussi d'être responsable du bon déroulement du projet, de gérer les éventuels conflits, de motiver les autres membres de l'équipe, de les fédérer autour d'un projet commun, etc.

David H. Treichler[2] se propose de démontrer dans son ouvrage que « l'efficacité du leadership est l'aspect le plus

---

1. Jean-Guy Legendre, « Le colloque Six Sigma, une activité couronnée de succès », *Bulletin de l'ASQ section québécoise (0404)*, septembre 2002.
2. David H. Treichler avec Ronald D. Carmichael, *The Six Sigma Path to Leadership. Observations from the Trenches*, ASQ Quality Press, 2004, 228 p.

important de la transformation organisationnelle qui se produit lorsque Six Sigma est déployé ». Partant du principe selon lequel Six Sigma est un « voyage vers le développement du leadership », il décrit Six Sigma en tant que « modèle pour la formation au leadership, qui fournit une expérience pratique dans la réalisation de résultats majeurs à travers l'application cohérente d'outils et de méthodologies spécifiques, en travaillant avec des équipes multifonctionnelles ».

Témoignage

Un **Master Black Belt** travaillant dans une société financière internationale confirme que Lean Six Sigma, à travers le programme dédié qui a été mis en place, est utilisé par les ressources humaines pour développer les compétences des employés, notamment en termes de leadership.

Des travaux de recherche tendent à prouver l'effet positif de Lean Six Sigma sur le leadership. Joseph A. Amamoto[1] démontre dans sa thèse que Six Sigma augmente les aptitudes au leadership. Il décrit le leadership transformationnel comme la capacité à influencer des changements majeurs dans les attitudes organisationnelles, de manière à atteindre

---

1. Joseph A. AMAMOTO, *The Effects of Six Sigma Implementation on Transformational Leadership Skills*, Nova Southeastern University, 2002, 150 p.

les objectifs et stratégies de l'organisation. Ce type de leadership se produit lorsqu'un ou plusieurs individus interagissent avec d'autres de telle façon que les leaders et les suiveurs s'élèvent les uns les autres à des niveaux supérieurs de motivation et de valeurs morales. Son étude montre ainsi qu'il existe parmi des professionnels formés à Six Sigma une relation positive entre leadership, satisfaction des employés, efforts supplémentaires et efficacité.

Nous avons vu que les enjeux de Lean Six Sigma sont stratégiques pour les organisations et que cette approche possède un potentiel managérial qui a été démontré; nous allons maintenant voir comment exploiter ce potentiel.

Chapitre 2

Comment exploiter le potentiel de Lean Six Sigma

Il ne s'agit pas ici de recettes toutes faites ni destinées à être suivies à la lettre, mais plutôt de repères issus d'une synthèse des pratiques observées dans les organisations et ayant été considérées comme déterminantes dans la mise en œuvre de Lean Six Sigma. Outre les facteurs-clés de succès habituellement cités (soutien de la direction, implication des équipes…) à propos des projets Lean Six Sigma, nous allons voir à travers ces points de repère que c'est davantage la qualité de la mise en œuvre que la méthodologie en elle-même qui va conditionner le succès ou l'échec de cette démarche.

Tenir compte de l'environnement culturel de l'organisation

La grande majorité de la littérature et de la communication dédiée à Lean Six Sigma provient des États-Unis, pays dont les fondements culturels, assez éloignés des cultures européennes, ont profondément influencé la manière de mettre en œuvre Lean Six Sigma au sein des organisations.

Les histoires de succès liés à Lean Six Sigma proviennent surtout des États-Unis

Comment expliquer un succès aussi retentissant que celui que connaît cette approche aux États-Unis ? On peut en effet se demander pourquoi il existe peu ou pas d'exemples d'entreprise n'ayant pas réussi l'implantation de Lean Six Sigma en Amérique du Nord. Il est probable que cela soit directement lié à un élément fondateur de la culture aux États-Unis : le rêve américain. Cette idée selon laquelle n'importe qui, par son travail, son courage et sa détermination, peut devenir prospère, se serait étendue à un phénomène caractérisé par le culte du succès, et se manifesterait par l'importance de montrer au moins l'apparence du succès et de la réussite pour les individus et les organisations influencés par cette culture. Ce phénomène expliquerait donc pourquoi les entreprises nord-américaines s'attachent particulièrement à mettre en avant quasi exclusivement les points démontrant la réussite de leur mise en œuvre de Lean Six Sigma, tout comme celle d'autres initiatives.

Témoignage

Interrogé pour cet ouvrage sur ces différences culturelles, **François Zinger**, Master Black Belt, précise que « pour beaucoup d'entreprises, les initiatives internes ne sont pas un sujet de communication ; cela change un petit peu après les exploits de *cost killers* (Volskwagen, Nissan), mais on en parle peu. De plus, les directions d'entreprises sont souvent loin, voire très loin du management opérationnel ». Quant au style de management, il ajoute : « En France, mais aussi en Allemagne, on promeut la culture du consensus. Certains pensent que c'est la voie qui permet l'adhésion de l'encadrement et par là le succès de l'entreprise. Dans bien des entreprises américaines (pas toutes), les décisions viennent d'en haut. Cela s'applique à Six Sigma, où le *top management* ne communiquera que lorsque tout le monde sera d'accord... et les résultats seront déjà visibles. » Finalement, selon cet ancien de Supélec : « Bien souvent le *top management* ne comprend pas Six Sigma, ne se sent pas concerné par Six Sigma, donc ne communique pas à ce sujet. »

La pensée européenne reste éloignée de la culture américaine

Est-ce face à ces résultats qui semblent « trop beaux pour être vrais » que les organisations européennes ne font pas preuve du même engouement et du même enthousiasme envers Lean Six Sigma ? La culture française semble davantage avoir hérité de Descartes, de sa pensée rationnelle et de la remise en question pour « chercher la vérité ». D'après

Philippe Joly, Six Sigma Master Black Belt[1], interrogé sur la maturité des entreprises françaises pour Six Sigma, «la France et l'Allemagne ont des cultures très différentes de celle des États-Unis ; nous sommes beaucoup plus sceptiques face aux nouvelles idées. Il semble qu'en France, les entreprises mettent plus longtemps à démarrer, et il y a beaucoup de suspicion dans les premiers temps. [...] Cela prend juste un peu plus longtemps dans notre culture d'obtenir une implication totale pour aller de l'avant».

La culture va également avoir un effet sur la façon dont les organisations communiquent et sur leur style de management.

---

1. http://www.onesixsigma.com

© Groupe Eyrolles

Témoignage

Denis Bouteille, Master Black Belt chez Areva, oppose quant à lui l'approche souvent systémique des entreprises françaises à celle des sociétés américaines, davantage pratique, et plus ouvertes à l'apprentissage par essais... et erreurs !

En effet, si la vision est primordiale pour une organisation, il n'est pas indispensable qu'elle soit trop précise, dans la mesure où le réflexe suivant cette vision pourrait être de se poser la question pratique : « Quelle est la prochaine étape ? », à l'instar des dirigeants anglo-saxons.

Dans un souci de pragmatisme, on peut ainsi considérer qu'il est possible de raisonner par étapes, au cours desquelles la vision initiale sera clarifiée. En d'autres termes, le succès des stratégies réside bien souvent dans la qualité de leur mise en œuvre.

Pour un **Master Black Belt** travaillant dans une société financière internationale, « le déploiement de Lean Six sigma en Europe et notamment en France nécessite d'être adapté à la culture et donc simplifié pour être compréhensible dans un environnement où même la définition de processus et de satisfaction du client n'est pas évidente. Ce n'est d'ailleurs pas uniquement une problématique de changement de culture d'un pays à l'autre, mais également du passage d'une culture industrielle à une culture financière (la culture des processus demande à être accompagnée pour ne pas être rejetée !) ».

En définitive, pour une approche telle que Lean Six Sigma, qui est souvent considérée comme une véritable culture, il est essentiel de prendre en compte les différences culturelles de l'organisation où elle sera mise en œuvre. Il est vrai par exemple qu'on imagine difficilement un P-DG français faire une arrivée théâtrale devant des centaines d'employés, vêtu d'un kimono et d'une ceinture noire... Pourtant, une telle mise en scène a engendré admiration, mobilisation et enthousiasme dans une entreprise américaine. Comment expliquer autant de force de conviction de la part de ces entreprises nord-américaines ? Peut-être que les investissements colossaux en termes financier, stratégique, et de ressources à l'échelle de toute l'organisation n'y sont pas étrangers. En effet, ces entreprises qui ont pris un pari énorme sur Lean Six Sigma mettent tout en œuvre pour obtenir un retour sur investissement. À partir de là, dans une culture du gigantisme où les héros occupent une place de choix (Master Black Belt, Black Belt et autres Champions) et où le leadership est essentiel, on comprend mieux pourquoi les entreprises ont besoin de magnifier Lean Six Sigma pour obtenir l'adhésion de leurs employés, dont l'implication dans la vie de l'entreprise est beaucoup plus forte que dans nos cultures européennes. Lean Six Sigma représente dès lors un « ciment culturel » qui va permettre de relier les individus et les faire travailler ensemble, fédérés autour de cet objectif commun de la qualité.

Quels enseignements peut-on tirer de ces différences culturelles ?

Quelles leçons peut-on tirer d'approches culturellement aussi éloignées ? C'est peut-être du côté du Québec qu'il faut se tourner, pays dont la culture résulte d'un métissage plus complexe qu'il n'y paraît entre les influences européennes et nord-américaines. Lorsqu'un colloque de la section québécoise de l'ASQ[1] se réunit pour débattre de Six Sigma et se demande «dans quel esprit devons-nous aborder ce défi?», la réponse semble arriver comme une évidence : «Celui avec lequel la société québécoise a réussi d'autres percées : adopter, adapter, s'approprier et y mettre son originalité.» C'est probablement d'un tel état d'esprit dont les entreprises en France et en Europe peuvent s'inspirer pour adapter Lean Six Sigma à la culture de leur pays et de leur organisation.

---

1. Jean-Guy LEGENDRE, «Le colloque Six Sigma, une activité couronnée de succès», *Bulletin de l'ASQ section québécoise (0404)*, septembre 2002.

43

Témoignage

Michel Bacquet, Master Black Belt, confirme : « Il est clair qu'en France les résultats mirobolants (ou présentés comme tels) passent à mon avis assez mal. Donc, je pense que le premier avis est négatif, même si après les choses changent. J'ai eu en formation des gens issus d'une entreprise d'électronique pour l'aviation (unité de fabrication, donc culture technique) qui nous ont dit que les équipes projet n'étaient pas sensibles aux bénéfices réalisés, mais plus à l'amélioration de la qualité ou du produit. Les Anglo-Saxons adoptent, à mon avis, Six Sigma plus facilement car ils le voient comme un moyen d'être plus performants et donc de gagner plus d'argent. Autre point, l'emphase mise sur les résultats financiers effraye certaines personnes, surtout en France où l'on a une approche plus axée sur la technique, la complexité du problème à résoudre. »

CAS D'ENTREPRISE : L'INSTITUT RENAULT

Certains groupes en France ont mis au point leur propre approche, adaptée à notre culture afin de déployer Lean Six Sigma. Parti du constat que cinq ans après les grands déploiements en Amérique du Nord, certaines des grandes sociétés en France qui s'étaient lancées dans cette initiative n'ont pas pu atteindre les résultats escomptés, et que l'initiative s'est naturellement arrêtée, l'Institut Renault[1] a cherché à déterminer les travers de Six Sigma et les manières de

1. Gilles PANCZER et Pierre CHEMARIN, « SPIN, une solution pour déployer Six Sigma. Nouvelle démarche de l'Institut Renault », *Qualité Références*, avril 2005, p. 73.

les contourner. Selon Gilles Panczer et Pierre Chemarin, Master Black Belts, « la direction générale copie un modèle de déploiement sans se poser les deux questions essentielles : que voulons-nous atteindre avec Six Sigma, et d'où partons nous ? »

En s'appuyant sur l'expérience de Nissan, l'Institut Renault a développé une approche baptisée SPIN (Solutionnez vos Problèmes en Investissant juste le Nécessaire). Ainsi, il recommande à ses clients un démarrage progressif avec quelques projets et une formation ciblée et limitée à trois ou cinq jours. « Après le succès de certains projets, certains continueront de former de manière identique leurs nouveaux chefs de projet ; d'autres se lanceront dans des déploiements plus conséquents de type Lean Sigma pour s'attaquer à des projets plus ambitieux. » De cette manière, selon l'Institut Renault, « les entreprises comprennent mieux les contraintes et les implications nécessaires pour lancer l'initiative Six Sigma et introduisent les changements en connaissance de cause ».

Adapter Lean Six Sigma au secteur d'activité

Comme nous l'avons évoqué, le Lean Six Sigma provient à l'origine du secteur de l'industrie. Les organisations de ce secteur ont en quelque sorte acquis une « maturité historique » qui favorise le déploiement de telles approches. En effet, les notions de mesure, de performance, de gestion des stocks ou encore de retour sur investissement et de pilotage sont relativement ancrées dans le milieu industriel. Ces notions sont encore inégalement utilisées dans le secteur des services. De

45

ce point de vue, la mise en place de Lean Six Sigma dans les services semble être une gageure.

Pourtant, les services, où les gaspillages variés et la complexité croissante engendrent des coûts considérables, représentent un secteur dans lequel l'utilisation de Lean Six Sigma peut aboutir à des économies non négligeables. C'est pour ces raisons que de plus en plus de banques et d'assurances (AXA, BNP Paribas) mettent en place des programmes inspirés du Lean Six Sigma. Les projets vont viser à simplifier les flux administratifs, à réduire les délais, à éliminer les tâches qui n'apportent pas de valeur ajoutée pour le client.

CAS D'ENTREPRISE : AXA

« Renforcer la qualité de service est une attente forte des clients du secteur de la protection financière. Pour se différencier, AXA a entrepris d'industrialiser ses processus de façon à gagner en efficacité et en qualité : depuis 2002, nous appliquons avec AXA Way un programme d'amélioration de notre qualité de service fondé sur la méthode Six Sigma. Son principe : la mesure des taux de défauts, car "tout ce qui se mesure s'améliore". En appliquant cette méthode à la protection financière, nous mesurons la qualité de nos processus, de nos actes de gestion et de l'exécution des demandes de nos clients. Aujourd'hui, AXA compte plus de 600 experts internes formés à la méthodologie – les "black belts" – qui interviennent en soutien des opérationnels. Si les premiers efforts d'AXA Way ont été orientés vers des gains de productivité, depuis plus de deux ans, c'est une véritable politique de qualité de service qui a vu le jour, entièrement tournée vers la satisfaction des clients à travers l'amélioration des processus-clés qui jalonnent "l'expérience client". »

Source : rapport d'activité et de développement durable AXA 2007.

Certaines des difficultés auxquelles les équipes projet vont se confronter sont assez caractéristiques des services. Ainsi, il est assez souvent nécessaire de renforcer – voire d'instaurer – une culture de la mesure et du pilotage dans le secteur des services, qui est théoriquement un prérequis des projets, et qui devient dans ce cas une résultante des projets.

Par ailleurs, il n'est pas rare que les organisations de ce secteur développent des offres de plus en plus personnalisées, « sur mesure », pour leurs clients, mais de plus en plus complexes à gérer par les employés. Les projets Lean Six Sigma vont dans ce cas chercher à réduire cette complexité, avec pour double objectif de faciliter le travail des collaborateurs tout en respectant les besoins des clients.

Enfin, si dans l'industrie les machines représentent à elles seules une source de variabilité considérable, c'est davantage le facteur humain qui est au cœur de nombreux processus des services. Cette réalité implique que la dimension de remise en cause des pratiques et des habitudes, ainsi que les inévitables résistances qui en découlent doivent faire l'objet d'une attention toute particulière dans ce secteur et d'un accompagnement adéquat.

Il existe d'autres domaines où Lean Six Sigma peut paraître inattendu, bien que les enjeux des projets puissent être colossaux : il s'agit des collectivités, services publics et gouvernementaux. Par exemple, la mairie de Fort Wayne et l'hôpital de Stanford aux États-Unis, ou encore le gouvernement de Singapour, ont mis en place des programmes Lean Six Sigma. Par ailleurs, en Allemagne, certaines entreprises lancent des initiatives Six Sigma en partenariat avec le gouvernement (antiterrorisme, technologies médicales...). Peut-être de manière encore plus prononcée que dans les services, les résistances culturelles et politiques sont un défi de taille à surmonter, mais la quantité de gaspillages dans les processus, la nécessité de développer une culture du client et de la mesure représentent un potentiel d'amélioration considérable dans ces types d'organisations. À titre d'exemple, le nombre de clients pouvant bénéficier d'une réduction des délais pour obtenir un passeport ou une nouvelle carte d'identité donne une idée des enjeux potentiels pour des améliorations dans ces domaines.

CAS DE LA MODERNISATION DE L'ÉTAT FRANÇAIS
LEVIERS D'EFFICACITÉ POUR UNE ADMINISTRATION NOUVELLE

L'administration française, dans le cadre de la modernisation de l'État, utilise désormais l'approche *Lean* afin « d'accroître à la fois la performance publique, la satisfaction des usagers mais aussi la confiance et les conditions de travail des agents ».

François-Daniel Migeon, directeur général de la modernisation de l'État, précise : « Avec le *Lean*, nous cherchons à

48

progresser encore plus vite, en procédant différemment : ce sont les agents eux-mêmes, accompagnés par une méthodologie précise, qui sont acteurs de la transformation. » Piloté par la direction générale de la modernisation de l'État (DGME), chargée de superviser les grands chantiers de la réforme de l'État, le développement des méthodes *Lean* dans l'administration se focalise sur les processus de travail à mettre en place pour offrir aux usagers un service de qualité maximale : réduction des temps d'attente, meilleur traitement du courrier, meilleur suivi des dossiers, chasse aux tâches redondantes ou inutiles, etc. À la DGME, *Lean* se traduit par « Leviers d'efficacité pour une administration nouvelle ».

Questions à Philippe Vrignaud, chargé de mission à la DGME
Quel est le rôle de la DGME sur ce sujet ?

Notre mission, à la DGME, est d'accompagner les ministères qui souhaitent expérimenter la méthode *Lean* dans certains services et de contribuer à créer les conditions de son succès. Nous les aidons à diagnostiquer l'existant et à identifier les endroits où la méthode *Lean* peut faire la différence. [...] En amorçant la création d'une culture commune, en développant des supports adaptés (transferts de compétences, formations, guide de mise en œuvre du *Lean*, extranet...), l'approche *Lean* devrait très vite faire parler d'elle.

Comment les agents prendront-ils connaissance de cette nouvelle méthode d'amélioration continue ?

Chaque semaine, nous nous déplaçons dans différentes administrations pour faire connaître l'approche, la méthode et les outils *Lean*. Quand nous engageons un effort, les premiers résultats sont rapides : on peut en général commencer à les mesurer deux ou trois semaines après la mise en marche du processus.

49

Pourquoi est-ce si rapide ?

La première semaine, les équipes se penchent tout simplement sur ce qui marche et ce qui ne marche pas dans leur service : ils réalisent une cartographie précise de leurs activités, identifient les tâches et les missions qui représentent une forte valeur ajoutée pour le service et les agents, et tout ce qui vient freiner l'exercice même de ces missions, ce que l'on pourrait appeler de la « pollution administrative ». La semaine suivante, ils testent une nouvelle organisation qu'ils ont eux-mêmes définie. Ils ajustent au jour le jour, et aussi longtemps que nécessaire. Une fois que le nouveau processus porte ses fruits (meilleur traitement des dossiers, meilleure disponibilité, meilleurs délais...), la méthode entre dans une phase de standardisation. La pratique fait alors ses preuves. C'est le bon sens qui guide les actions des agents. Et pour ceux qui avaient déjà mis en place une démarche d'amélioration efficace, le *Lean* leur permet de la consolider.

Comment faire pour que ces succès locaux transforment progressivement l'administration ?

Ces expériences fonctionnent très bien quand elles sont menées à petite échelle car la flexibilité et la communication entre agents sont essentielles. Les passerelles et les interactions entre équipes permettent ensuite d'organiser « une réaction en chaîne ». Pour créer cette chaîne d'interactions, la démarche doit être soutenue au plus haut niveau, un véritable plan de déploiement doit être conçu et porté par l'encadrement supérieur. Si l'agent est au cœur du processus, le soutien et l'implication des managers sont indispensables si on veut que la méthode ait des résultats sur le long terme.

Source : *La Modernisation de l'État en pratique*, septembre 2008
http://www.modernisation.gouv.fr

En définitive, le changement culturel apporté par Lean Six Sigma et les gains potentiels sont peut-être d'autant plus importants dans des secteurs d'activité tels que les services, les collectivités et les gouvernements.

Prendre en considération la taille de l'organisation

Certains considèrent que Lean Six Sigma, de par l'ampleur de sa démarche et les moyens mis en œuvre, est plus adapté aux organisations de grande taille qu'aux PME et PMI. En effet, ces dernières ne disposent pas des mêmes ressources ni des mêmes infrastructures pour déployer Lean Six Sigma, notamment pour mettre en place les formations, ou libérer des ressources pour mener à bien les projets. Les petites organisations doivent-elles pour autant renoncer à utiliser l'approche Lean Six Sigma?

Pour Pierre Bérard, vice-président Six Sigma chez Bombardier, «Six Sigma est une discipline accessible aux grandes, moyennes et petites entreprises, à preuve l'introduction de Six Sigma chez des fournisseurs PME de Bombardier». En effet, il semble que les techniques et la «boîte à outils» Lean Six Sigma, tout comme certaines des valeurs (satisfaction des clients, culture de la mesure, amélioration continue et implication de tous les acteurs), sont indépendantes de la taille de l'organisation.

Pour mettre en œuvre Lean Six Sigma, les PME-PMI doivent suivre un modèle de déploiement adapté à leurs besoins. Or, certaines des caractéristiques des petites structures favorisent la mise en place de Lean Six Sigma. Ainsi, le contexte organisationnel des petites et moyennes entreprises est souvent moins complexe, ce qui favorise la rapidité des prises de décisions. En outre, les organisations de taille modeste sont généralement plus flexibles, focalisées sur les résultats et plus proches de leurs clients. L'inertie des PME-PMI étant moins importante que celle des grandes organisations, leur résistance aux changements est souvent moindre.

Une fois ces spécificités prises en considération, il convient de définir les modalités des formations en conséquence. Une fois le projet sélectionné, les employés qui vont y participer apprennent uniquement les outils et techniques qu'ils vont pouvoir mettre en application directement à travers une série d'ateliers pratiques. Afin de favoriser l'implication, il est important que toute l'équipe projet, de même que la direction, participe à ces ateliers. En outre, les apprentis peuvent être coachés par des experts sur les premiers projets afin de s'approprier les savoir-faire essentiels et adaptés.

Témoignage

François Zinger, Master Black Belt, évoque une structure allégée, comprenant seulement quelques Black Belts, et dont la réussite repose surtout sur l'implication personnelle du patron de la PME ou PMI.

Adapter, personnaliser et intégrer Lean Six Sigma à la stratégie de l'organisation

À partir du moment où l'organisation décide d'employer l'approche Lean Six Sigma, il convient de la relier clairement à la stratégie globale de l'organisation, notamment par la création d'un programme Lean Six Sigma personnalisé.

CAS D'ENTREPRISE : AREVA

Certaines organisations ont ainsi choisi d'adapter Lean Six Sigma à leurs propres cultures et de l'intégrer dans une approche personnalisée. C'est le cas d'Areva qui a créé son propre référentiel, l'Areva Way[1]. Il s'agit d'un système de management intégré, qui vise à concilier trois exigences : le développement économique, le respect de l'environnement et la prise en compte des attentes des parties prenantes. L'Areva Way permet donc de « concilier toutes les politiques de l'entreprise dont celles de sécurité, de qualité et d'environnement ». Ainsi, la norme de qualité ISO 9001:2000, qui bénéficie d'une reconnaissance internationale, fait partie de ce système global, et permet de constituer une culture commune à toutes les unités, les clients et les fournisseurs. En outre, Areva s'appuie sur des outils tels que Lean Six Sigma pour mettre en œuvre des projets d'amélioration ciblés. Dans le cadre de l'Areva Way, l'auto-évaluation aurait ainsi permis

---

1. Sophie Bringuy, « Combiner l'Areva Way et l'ISO 9001 dans une approche de développement durable », *Qualité Références*, janvier 2005, p. 23-25.

à chacun de participer de manière très pratique à la définition des objectifs.

Pour Philippe Dhaussy, directeur système de management intégré, « la mise en place de ces référentiels est un acte de foi du management : le retour sur investissement n'est pas quantifiable à l'euro près. Il faut un engagement fort de la direction et se donner les moyens d'atteindre ses objectifs. L'efficacité s'apprécie plus globalement par rapport au déploiement de l'activité et à la capacité à conquérir de nouveaux marchés ».

BNP Paribas, avec ACE (« adaptation par BNP Paribas de la méthode Lean Six Sigma » selon le rapport annuel BNP Paribas 2007), et AXA, avec l'AXA Way, ont également adapté et personnalisé Lean Six Sigma pour le déployer au sein de leurs organisations.

Une des manières d'intégrer Lean Six Sigma à la stratégie de l'organisation consiste à décliner les objectifs stratégiques en projets et actions-clés, qui vont avoir le maximum d'impact sur les axes d'améliorations considérés comme prioritaires. Cette déclinaison opérationnelle de la stratégie permettra en outre de communiquer la vision, planifier l'activité et ajuster la stratégie en fonction des résultats obtenus. Des approches telles que celle du *balanced scorecard* peuvent être exploitées, visant à équilibrer la perspective financière avec les impacts clients, les processus-clés et les capacités d'apprentissage organisationnel (capital humain de l'organisation).

Témoignage

Denis Bouteille, Master Black Belt chez Areva, confirme que la mise en place d'un plan d'amélioration des performances et qu'une déclinaison très structurée des objectifs sont des clés du succès du déploiement de Lean Six Sigma.

Pour **Michel Bacquet,** Master Black Belt, «un préalable à la mise en œuvre des projets, le Critical To Business (déclinaison des objectifs de la société jusqu'à un certain niveau), est la clé du succès. Dans la filiale française d'un groupe international, Six Sigma n'a réellement démarré qu'à partir du moment où les managers se sont réunis un jour et demi pour décliner les objectifs et choisir parmi les 100 ou 150 actions à mener les 20 que l'on allait estampiller Six Sigma. Par exemple, si le chiffre d'affaires est réparti en 80 % de produits et 15 % de services, comment faire pour réaliser ces 15 % de services? Les services actuels sont-ils suffisants ou faut-il en implémenter d'autres? Comment faire pour réaliser les 85 % de produits? Quel canal privilégier?»

Ce type d'approche représente donc une alternative intéressante à une mise en œuvre calquée sur celles des entreprises américaines, et permet aux organisations européennes de s'approprier Lean Six Sigma plutôt que de «subir» un déploiement inadapté à leur propre stratégie. En outre, le fait d'établir clairement les liens entre Lean Six Sigma et la stratégie de l'organisation permet d'éviter un des écueils développé dans cet ouvrage: considérer Lean Six Sigma comme une fin en soi.

Témoignage

Un **Master Black Belt** interrogé pour cet ouvrage travaille actuellement dans une société financière internationale. Anciennement chez General Electric, il est à même de comparer les deux approches, très différentes. Alors que General Electric a privilégié directement une mise en place à grande échelle, la société financière préfère une approche davantage progressive, avec seulement quelques Black Belts et pas de Green Belts lors du démarrage, et une stratégie d'implantation en trois temps. Dans la seconde phase dite de « Process Management », cette société a des Green Belts qui aident le « Key Process Owner » à mesurer la performance de son processus-clé et à l'améliorer.

Adapter les formations et les rendre plus pratiques

Les formations Lean Six Sigma ont la plupart du temps été conçues pour un public nord-américain et nécessitent quelques adaptations. En effet, pour des cultures non américaines, il semble qu'il existe une réaction contre une approche qui n'a pas été « inventée ici », se manifestant notamment en France contre ce qui pourrait être perçu comme la « saveur américaine du mois ». Dans les premières formations, des problèmes de langue survenaient lorsque les supports de formation étaient en anglais. Par ailleurs, beaucoup d'entreprises pensent qu'elles sont trop uniques pour que le Lean Six Sigma s'applique à elles. Il semblerait également qu'aux États-

Unis, il existe une croyance et une confiance beaucoup plus fortes dans le management qu'en Europe (bien que ce ne soit pas aussi vrai pour des pays tels que la Grande-Bretagne et d'autres pays partageant certaines valeurs anglo-saxonnes).

Témoignage

Pour **Michel Bacquet**, Master Black Belt, l'adaptation de la formation au niveau de base de la société est déterminante. « Dans la filiale française d'un groupe international, la nature des problèmes à solutionner (ainsi que la taille de la société) m'a conduit à adapter la formation Green Belt aux réalités du business (assez léger en statistiques), et ce au grand dam des managers de la maison mère au Japon qui voulaient que les Green Belt aient quasiment la formation Black Belt. Par ailleurs, lors des formations, les Français aiment bien savoir à quoi va servir spécifiquement l'outil qu'ils vont voir. »

Plutôt que de dispenser une formation Lean Six Sigma standard et exhaustive, il peut être envisagé d'adapter la formation en fonction des connaissances des participants et des besoins spécifiques des projets choisis. Pour ce faire, un diagnostic établi dans l'organisation en amont des formations permet de mieux cerner les métiers de l'organisation et des participants, les enjeux et les problématiques rencontrées. Un tel bilan permettra en outre d'intégrer aux formations des exemples adaptés au secteur de l'organisation, voire à des projets conduits précédemment au sein de cette organisation.

En jouant sur la durée de la formation et sur les outils présentés, certains axes de la formation peuvent donc être plus ou moins développés en fonction des objectifs de l'organisation, des problématiques à traiter et des compétences à développer pour les populations formées :

- approche processus ;

- satisfaction des clients ;

- gestion de projets ;

- pilotage et mesure de la performance ;

- leadership et animation d'équipes ;

- outils de résolution de problèmes plus ou moins complexes ;

- élimination des gaspillages ;

- statistiques ;

- accompagnement au changement ;

- etc.

Lean Six Sigma, en tant qu'approche globale, peut ainsi être considéré comme une sorte de « réservoir » non figé de compétences relatives à de nombreux domaines, dans lequel on peut aller puiser les outils nécessaires à la résolution de problèmes d'une grande variété.

En outre, l'accent pourrait être davantage mis sur la pratique dans les formations. Même si les formations actuelles comprennent une alternance entre les phases théoriques et la mise en pratique des concepts, les programmes restent chargés et les participants sont confrontés à des quantités considérables d'informations à intégrer. C'est pourquoi la formation pourrait être conduite en trois temps :

- vue d'ensemble des principes et concepts-clés avec exemples de projets et exercices ;

- mise en pratique dans les projets en cours (avec suivi et coaching si nécessaire) ;

- bilan et partage d'expériences en binômes intra- ou inter-entreprises pour vérifier et renforcer l'assimilation des acquis de manière pragmatique, en insistant dans les échanges à la fois sur les aspects techniques et sur l'accompagnement au changement.

Destinées à faire monter en compétences les formés sur des aspects couvrant à la fois les savoirs, les savoir-faire et le savoir-être, les formations interdisciplinaires Lean Six Sigma sont un point crucial des déploiements.

Reconnaître et valoriser les participants

La réussite à long terme d'un déploiement Lean Six Sigma repose fortement sur l'importance accordée à la reconnaissance et à la valorisation des participants. Dans le cadre de ses recherches sur la motivation humaine, le psychologue Abraham Maslow a proposé un modèle de hiérarchie des besoins, souvent représenté sous la forme d'une pyramide. Selon lui, un être humain est pleinement épanoui à partir du moment où il a satisfait l'ensemble de ses besoins :

- physiologie (faim, soif) ;

- sécurité et protection (maison) ;

- appartenance à un groupe et besoins sociaux ;

- estime de soi et des autres (reconnaissance) ;

- accomplissement (créativité ; se réaliser à travers une œuvre, un engagement).

D'après ce modèle, le besoin de reconnaissance peut donc être satisfait lorsque les besoins plus élémentaires (physiologie, sécurité et appartenance) le sont déjà. Cela signifie, par exemple, que les employés doivent être assurés que les projets ne remettent pas en cause la sécurité de leur emploi, à travers une communication claire et univoque de la direction et en accord avec la direction des ressources humaines.

Si le besoin de reconnaissance est l'un des plus sophistiqués de la pyramide de Maslow, les manières de le satisfaire peuvent paraître relativement aisées. La reconnaissance d'un travail bien fait passe en effet par des choses aussi simples que des compliments, des attentions pour les employés dont la contribution mérite d'être soulignée. Bien que ces moyens de reconnaissance très simples aient un impact positif non négligeable sur la motivation des employés, leur utilisation dans les organisations n'est pas toujours systématique.

Des manières complémentaires de reconnaître et de valoriser la contribution des participants aux projets d'amélioration peuvent également être employées. Le fait d'intégrer des objectifs liés aux projets dans les objectifs individuels des participants permet de reconnaître formellement leur contribution, en la positionnant comme une priorité complémentaire à leurs objectifs opérationnels. La hiérarchie peut en outre montrer qu'elle prend en compte la charge de travail liée au projet en libérant du temps par rapport aux contraintes opérationnelles des employés, de façon à leur assurer la disponibilité nécessaire à une implication effective. Par ailleurs, dans certaines organisations, il existe des formes de rétribution (primes, partage d'une partie des bénéfices réalisés lors du projet) liées à l'atteinte des objectifs des projets.

Enfin, la contribution des participants aux projets Lean Six Sigma peut être valorisée à travers la visibilité qu'ils acquièrent dans l'organisation grâce à leurs réalisations. Si cette visibilité auprès de leurs collègues et de leur hiérarchie est en soi une forme de reconnaissance, elle peut parfois se traduire en opportunités de carrière qui vont se présenter suite à la mise en avant de nouvelles compétences acquises et/ou démontrées lors des projets. En effet, nous avons vu que les participants vont être amenés à travailler en équipe, partager leurs idées d'amélioration, participer à la résolution de problèmes, être sensibilisés au pilotage de leur activité, à la gestion de projets... et remettre en question leurs habitudes pour proposer et mettre en œuvre de nouvelles pratiques. Cette montée en compétence globale est l'occasion de valoriser les équipes projet de manière individuelle, comme évoqué, et collective, en célébrant la réussite des projets lors de leur clôture.

Intégrer Lean Six Sigma avec d'autres approches qualité

Opposer les différentes approches de management de la qualité pour déterminer laquelle est la meilleure n'est peut-être pas très constructif, dans la mesure où cela reste très théorique et tient davantage de la bataille de concepts, plutôt que de tenir compte de ce qui intéresse les organisations en pratique, à savoir la mise en œuvre et la résolution de problèmes opérationnels. C'est en effet la qualité de la mise en œuvre qui va conditionner la réussite ou l'échec d'une approche ou d'une autre, et non pas nécessairement l'approche elle-même. C'est également dans cette optique qu'opère Bombardier, dont le vice-président Six Sigma Pierre Bérard, avance que « Six Sigma, comme stratégie, gagne à être inséré dans un modèle intégré de gestion harmonisant les divers moyens et approches utiles à une gestion totale de la qualité (ISO, etc.) ».

On peut désormais appréhender le type de complémentarité que Lean Six Sigma peut entretenir avec chacune de ces
approches. Pour commencer, la norme ISO 9000 a subi une
révision majeure en 2000, et repose depuis sur une approche
processus. On peut ainsi lire dans le recueil de norme ISO
9001 (2000) : « L'avantage de cette approche est le contrôle
continu qu'elle autorise sur les liens entre les processus pris
isolément et un système composé de processus, ainsi que leur
combinaison et leur interaction. » L'approche processus étant
un élément fondateur de Lean Six Sigma, il semble logique
de pouvoir l'intégrer avec la norme ISO 9001 (2000).

Le modèle d'excellence EFQM est chargé de promouvoir et
de développer la qualité totale au sein des entreprises européennes pour affirmer leur compétitivité à l'échelle internationale. Ses critères sont également proches des valeurs et
de la culture Lean Six Sigma : clients, leadership, processus,
résultats et performances-clés sont évalués pour chacune des
organisations membres souhaitant obtenir un certain niveau
de reconnaissance.

L'approche Kaizen, ensuite, est destinée à la résolution de
problèmes simples et à l'amélioration rapide des processus.
Cette approche est souvent utilisée sous la forme d'ateliers
de quelques jours qui mobilisent employés et managers d'un
processus en les isolant de leurs activités quotidiennes, en
leur permettant de se concentrer de manière créative sur la
résolution de problèmes. L'objectif est de produire des gains
immédiats et d'engendrer la motivation au sein des équipes.

Pourquoi ne pas combiner la simplicité du Kaizen avec une approche Six Sigma apportant structure, rigueur et permettant de s'attaquer à des problèmes plus complexes ? C'est la voie qu'a choisi de suivre AlliedSignal, entreprise réputée pour être parmi les premières à avoir bénéficié du déploiement de Six Sigma. Cette organisation, focalisée sur la qualité en général plutôt que sur une méthode en particulier, utilise donc conjointement Kaizen et Six Sigma.

Lean, enfin, dont les principes sont faciles à apprendre, fournit de rapides améliorations qui permettent d'engendrer l'énergie nécessaire à la mise en place de Six Sigma dont les bénéfices se situent davantage sur le long terme.

La complémentarité des approches, la flexibilité et l'ouverture sont mises en avant par certains experts. S'il insiste sur l'importance d'une approche rationnelle et basée sur les faits, David H. Treichler reconnaît aussi que « la créativité est essentielle pour apprendre les limites en termes d'efficacité et d'application des outils et méthodologies[1] ». C'est pourquoi il rappelle que « rien n'est statique. Aucune trousse à outils n'est jamais complète. Aucune méthodologie, même aussi robuste que Six Sigma, n'est imperméable à l'amélioration. [...] La reconnaissance doit toujours être donnée à l'unicité de l'organisation et des membres de l'équipe travaillant sur un projet. Les équipes qui ont le mieux réussi sont celles qui ont eu la

---

1. David H. Treichler, *op. cit.*

volonté d'inventer. Celles qui voulaient essayer quelque chose de nouveau réalisaient habituellement beaucoup plus que celles qui voulaient seulement suivre les étapes prescrites et vérifier continuellement si elles procédaient correctement».

Témoignage

Selon **Michel Bacquet**, Master Black Belt, «tout n'est pas sujet à Six Sigma. Il faut savoir faire la part des choses entre Lean, d'autres approches, Six Sigma et savoir avoir l'humilité de dire: "Ça c'est plus du Lean ou telle approche" que de vouloir faire du DMAIC partout».

Les différentes approches d'amélioration et de résolution de problèmes semblent complémentaires, il convient donc de savoir les utiliser séparément ou de manière combinée, afin de répondre de la façon la plus appropriée aux problématiques rencontrées. Comme le souligne la section québécoise de l'ASQ: «Il n'y a pas lieu d'opposer Six Sigma aux autres approches ou de lui donner préséance en tout et pour toujours; il convient de répondre aux besoins et aux défis les plus urgents de l'entreprise en matière de productivité, de maîtrise de la qualité et de performance en harmonisant de façon efficace l'adaptation, l'introduction et l'intégration de ces différentes approches au moment opportun.» En d'autres termes, le nom de l'approche que l'on utilise importe moins que la qualité des résultats qu'elle permet de fournir.

Accompagner le changement provoqué par la mise en place de Lean Six Sigma

Comme nous l'avons vu tout au long de cet ouvrage, les projets Lean Six Sigma vont potentiellement apporter des changements en profondeur dans l'organisation, au niveau des processus bien entendu, mais aussi au niveau de la structure de l'organisation, de sa culture et au niveau des comportements et des mentalités de ses employés. La prise en compte systématique des besoins des clients, l'émergence de nouveaux rôles dans l'organisation, ou encore la mobilisation de tous pour l'amélioration continue sont quelques exemples des changements engendrés par le déploiement de Lean Six Sigma.

Qu'est-ce que le changement ?

Le changement peut être défini comme le fait de passer d'une situation existante connue à une situation cible promise, ce passage étant motivé par un progrès escompté. Un changement peut se traduire par une remise en question des pratiques à plusieurs niveaux : opérationnel, stratégique, managérial, culturel, etc.

Pourquoi accompagner le changement ?

Les collaborateurs vont nécessairement réagir aux changements qui se produisent au sein des organisations, il apparaît

© Groupe Eyrolles

donc primordial d'y porter une attention particulière tout au long des projets. À cet égard, le fait d'utiliser une approche structurée telle que le DMAIC est probablement nécessaire mais pas suffisant. En effet, si le cadre méthodologique de Lean Six Sigma peut servir de guide pour les aspects techniques des projets, il convient également de prendre en compte les aspects humains à travers une approche appropriée et dédiée d'accompagnement au changement.

Qu'est-ce que l'accompagnement au changement ? Qui est concerné ?

L'accompagnement au changement, qui relève plus d'un état d'esprit que d'une science exacte, va consister à faciliter le changement et assurer le bon déroulement des projets depuis le début jusqu'à la finalisation de leur mise en œuvre. Cette démarche qui vise à anticiper les difficultés de mise en œuvre concerne l'ensemble des acteurs impactés par le changement. Pour chaque type d'acteurs, le but de l'approche est d'anticiper les impacts du changement, les réactions les plus probables et les manières d'y répondre. En outre, l'accompagnement au changement permet d'associer les acteurs concernés, de définir un plan de communication adapté à chaque projet et de déterminer les besoins en formation des acteurs.

Quelles sont les causes de résistance au changement ?

Les réactions au changement, qui peuvent aller du renoncement à l'excitation, sont l'expression d'émotions plus profondes ressenties par les personnes confrontées au changement. Dans le cas des réactions de résistance au changement (qui se manifestent par des phrases du type « on a toujours fait comme ça », « on a déjà tout essayé », « chez nous c'est différent »...), les causes relèvent le plus souvent de différentes formes de peurs (peur de l'inconnu, peur de remettre en cause ses habitudes et/ou ses croyances, peur de ne pas être à la hauteur face à un nouveau mode de fonctionnement). Le fait que les acteurs n'y voient pas leur intérêt *a priori*, ou encore pensent qu'ils risquent de perdre en autonomie et/ou pouvoir représente d'autres types de causes possibles de résistance au changement.

Comment accompagner les acteurs au changement ?

« Si nous faisons ce que nous avons toujours fait, nous obtiendrons ce que nous avons toujours obtenu. »

Le sujet est suffisamment vaste pour faire l'objet d'un ouvrage à lui seul, c'est pourquoi nous ne proposerons ici que quelques pistes de réflexions.

Un des prérequis au changement est de comprendre la nécessité de changer (la réponse à la question : « Pourquoi changer ? »). Chacun devant y trouver son intérêt, il est important de laisser les acteurs s'exprimer sur leurs propres raisons de changer, plutôt que de leur suggérer, voire de leur imposer les motivations de l'organisation. Les enjeux pour les acteurs peuvent être de différentes natures : confort de travail, qualité des relations, responsabilités, compétences, possibilités de valorisation (voir la partie « Reconnaître et valoriser les participants »)...

De plus, communiquer de manière adéquate et régulière auprès des différents acteurs, les faire participer le plus en amont possible et valider chaque étape facilite l'appropriation des analyses et des améliorations, et favorise la pérennisation des actions.

Témoignage

Selon **Francois Zinger,** Master Black Belt, Six Sigma est un défi de taille pour l'entreprise, il nécessite donc un programme de changement incluant une importante communication de la part de la direction. Une implication forte du management serait donc essentielle à la mise en œuvre de Six Sigma, puisque ce serait son rôle de fournir aux employés des explications sur le « pourquoi », le « comment » et les résultats pour montrer l'impact, mais aussi d'être capable de prendre des risques et de reconnaître ses erreurs.

Un style de management directif qui ferait la force des entreprises aux États-Unis et sur lequel les directions européennes devraient selon lui prendre exemple. Pour lui, le succès de Six Sigma est là quand les changements (de processus et donc de méthode de travail) sont effectivement mis en place, et seule la direction a autorité pour ce faire. Un déploiement bien mené de Six Sigma aboutirait alors à des résultats équivalents à 5 à 20 fois l'investissement initial, notamment dans les activités transactionnelles et certains secteurs comme la pharmacie, où la rentabilité des projets est beaucoup plus élevée.

Quels rôles vont jouer les différents acteurs ?

Les acteurs qui vont accompagner le changement et leur rôle varient d'une organisation à l'autre, néanmoins, voici quelques grandes lignes des situations fréquemment rencontrées :

- *Le sponsor* est le garant de la vision des projets, il donne du sens aux actions réalisées et valorise les résultats obtenus. Il promeut et fait partager la nécessité du changement.

- *Le manager* comprend clairement la nécessité du changement, il accompagne son équipe pour faciliter son appropriation au changement. Par son comportement exemplaire, il traduit les grandes orientations définies. Il s'assure de la pérennité des actions mises en place.

- *Les experts Lean Six Sigma* (Black Belts, Green Belts...) doivent comprendre les tenants et aboutissants du changement et être capables de communiquer clairement sur le changement. Ils sont formés à l'accompagnement au changement et sont capables d'adopter les attitudes adéquates et faire preuve des compétences appropriées face aux situations de changement rencontrées.

- *Les personnes directement concernées par le changement* expriment leurs besoins et leurs difficultés, ils participent à la mise en place des solutions et partagent les informations lors des retours d'expérience.

Témoignage

Philippe Gignier, Master Black Belt, rappelle une formule utilisée dans les formations Lean Six Sigma : E = Q * A. Cette équation signifie que l'Efficacité (E) d'une solution dépend à la fois de la Qualité (Q) de cette solution et de son Acceptation (A) par les personnes concernées. En d'autres termes, le facteur humain est au moins aussi important à prendre en compte que la composante « technique » pour une mise en application réussie de la solution.

En définitive, le potentiel de Lean Six Sigma ne peut être complètement exploité que si la composante humaine est prise en compte de manière suffisante et appropriée.

Si les «facteurs-clés de succès» et les apports de Lean Six Sigma sont très souvent et abondamment abordés dans la littérature, les limites de cette approche, ou plutôt les dérives qui résultent d'une utilisation inappropriée de la méthodologie, sont beaucoup plus rarement évoquées. C'est à ces pièges à éviter lors de la mise en œuvre de Lean Six Sigma que nous allons maintenant nous intéresser.

Chapitre 3

Les pièges à éviter
lors de la mise en œuvre
de Lean Six Sigma

Un battage médiatique hors de proportion

La principale raison pour laquelle les organisations ont des attentes démesurées par rapport à Lean Six Sigma a probablement trait au battage médiatique gigantesque dont a fait l'objet cette méthode. Ainsi, il semble qu'il n'y ait rien d'intrinsèquement mauvais dans Lean Six Sigma, mais les attentes de certains utilisateurs sont tout simplement disproportionnées.

Depuis que certaines entreprises ont rendu Six Sigma célèbre, la démarche aurait reçu un niveau excessif d'attention et d'éloges, principalement dû au marketing et aux relations publiques trop zélées. Ce programme a donc été mal compris et pris pour un remède miracle pour l'entreprise.

COMMENT COMMUNIQUER AUTOUR
D'UN DÉPLOIEMENT LEAN SIX SIGMA ?

Une fois la décision prise de déployer Lean Six Sigma dans une organisation, il est très important d'intégrer un plan de communication à la stratégie de déploiement globale. En effet, dans la mesure où la mise en place de Lean Six Sigma implique des changements de culture et de comportements, l'organisation doit prendre en compte les problématiques humaines qui en découlent. C'est le plus souvent à la direction et aux équipes Lean Six Sigma qu'il revient d'instaurer le dialogue, en communiquant clairement sur la vision, les choix et les implications pour chacun du déploiement et des projets.

Anticiper les réponses aux questions que vont se poser les employés permet de faciliter la communication et de lancer le déploiement dans de meilleures conditions.

Interrogations sur Lean Six Sigma

- Qu'est-ce que Lean Six Sigma ?
- Que signifie le vocabulaire spécifique (DMAIC, Black Belt, SIPOC...) ?
- Pourquoi choisir Lean Six Sigma en particulier (plutôt qu'une autre approche) ?
- Quelles sont les différences avec les précédents mouvements de la qualité (TQM, ISO...) ?
- Est-ce adapté à notre organisation (taille, secteur, culture...) ?

Implications pour les employés

- Quelles sont les implications pour moi ?
- Est-ce une menace ou une opportunité pour la sécurité de mon emploi ?

- Quel sera mon rôle dans le déploiement et les projets ?
- Le fait de participer représente-t-il un avantage pour ma carrière ?
- Quels sont les impacts pour mon équipe, mon service, mon département ?
- Nous sommes déjà débordés, où allons-nous trouver le temps pour nous impliquer ?

Implications pour l'organisation

- Quels sont les premiers leviers d'amélioration ?
- Selon quels critères les projets seront-ils sélectionnés ?
- Dans combien de temps verrons-nous des résultats ?
- Comment serons-nous informés ?
- Quels rôles vont jouer les différents services de l'organisation ?
- Quels seront les bénéfices pour nos clients ?

Les réponses à ces questions dépendront pour une large part de la culture de l'organisation, des objectifs du déploiement et des populations à qui s'adressent les communications. Pour mieux comprendre les différentes populations concernées et mieux répondre à leurs besoins spécifiques, une analyse des parties prenantes peut être effectuée (intérêt, degré d'influence, implication, résistance potentielle).

Une fois les premiers projets lancés, la communication se fera à deux niveaux : le déploiement et les projets. Si les succès sont déjà couramment mis en avant dans les sociétés, il peut également être intéressant de communiquer davantage sur les échecs (les organisations apprennent aussi beaucoup par leurs erreurs) et capitaliser sur les enseignements que l'on peut en tirer pour les prochains projets. La communication sur les projets, souvent dédiée à leur avancement, peut aussi être l'occasion privilégiée de reconnaître et mettre en valeur les efforts des équipes.

Une communication bien ciblée doit permettre d'engendrer l'enthousiasme et de provoquer la mobilisation, mais aussi d'éviter de créer des attentes irréalistes vis-à-vis de Lean Six Sigma. Pour ce faire, la méthodologie doit être présentée comme un moyen au service de la stratégie, un cadre méthodologique facilitant l'atteinte des résultats, mais pas comme une méthode miracle indépendante des ressources humaines et de leur implication dans les projets.

Une approche parfois mystique voire dogmatique

Une autre dérive possible autour de Lean Six Sigma consiste à tomber dans le piège du mysticisme, voire du magique et du dogmatique. Ainsi, le consultant Michael Tatham[1] remarque que « comme avec de nombreuses idées à la mode dans le business, quelques résultats initiaux positifs dans des circonstances spécifiques se transforment bientôt par un effet boule de neige en une mystique selon laquelle Six Sigma peut résoudre n'importe quel problème comme avec une

1. Michael TATHAM et Neal MACKERTICH, « Is Six Sigma falling short of expectations? », *Optimize*, avril 2003, p. 19.

baguette magique ». Or, si l'organisation dédiée ou encore la méthodologie par étapes qui sont caractéristiques de Lean Six Sigma vont favoriser la réussite des projets, cela n'a rien de magique, mais provient bien au contraire de la mobilisation d'équipes pluridisciplinaires dont les efforts vont être ciblés (grâce aux mesures et analyses effectuées en amont), structurés et canalisés.

C'est donc sur les croyances et la part d'irrationnel que va pouvoir se jouer cet aspect particulier, non pas directement lié à Lean Six Sigma, mais plutôt résultant d'un certain déploiement de la démarche, et d'une perception orientée par les participants. Certains déplorent également l'utilisation d'un vocabulaire trop spécialisé (Black Belts, DMAIC...), parfois perçu comme un jargon, qui rend quelquefois les concepts simples peu accessibles aux personnes non initiées.

Le climat dans lequel Lean Six Sigma est déployé n'est donc pas étranger à ce type d'interprétation qui mise sur le côté mystérieux de ce que certains n'hésitent pas à qualifier de « religion » de la qualité. L'expression est souvent employée à propos de multinationales où Six Sigma a été déployé avec un succès très médiatisé et intégré profondément à la culture de l'entreprise. Le qualificatif de « religion » n'est d'ailleurs pas employé au hasard, et fait référence au pouvoir fédérateur (*religiere* signifie « relier » en latin) que peut revêtir Lean Six Sigma.

Témoignage

Selon **Michel Bacquet,** Master Black Belt, « un grand problème de Six Sigma est que cela est souvent perçu en France comme "une secte", un phénomène de mode. Dans certaines entreprises, Six Sigma a été introduit (ou me semble l'avoir été) indépendamment de tout projet d'entreprise mobilisateur et est donc perçu comme une contrainte ou un épiphénomène sans lien avec le business. Axa, Credit Swiss et bien d'autres ont un programme d'amélioration ou d'excellence, respectivement : Axa way, Business excellence, dans lequel il est dit que Six Sigma est un des points-clés. Deux méthodologies (DMAIC et DFSS) au service d'un objectif ».

Cependant, on peut considérer que cet ésotérisme va à l'encontre du fondement de Lean Six Sigma, qui est destiné au contraire à rationaliser les processus de l'organisation. Une telle approche dogmatique peut avoir un autre inconvénient : elle tend à favoriser une confusion entre la fin et les moyens à propos de Lean Six Sigma.

Une confusion fréquente entre finalités et moyens

À trop mettre Lean Six Sigma en avant, que ce soit de façon médiatique, politique ou dogmatique, ou encore dans la communication interne de l'entreprise, certains finissent par en oublier que ce n'est qu'un moyen pour aider l'organisation à atteindre ses objectifs, et non pas une fin en soi. C'est pourquoi les échanges avec la direction et les opérationnels (experts métier) sont essentiels pour positionner clairement Lean Six Sigma dans la stratégie organisationnelle.

Cela dit, cet écueil ne serait pas l'apanage de Lean Six Sigma en particulier, mais plutôt une dérive classique des méthodes en général. Ainsi, Richard Pascale déplore un phénomène de mode qui fait que «dans leur immense majorité, les entreprises appliquent les techniques managériales comme des recettes toutes faites[1]».

Cette restriction à quelques approches comporte un autre risque de déformation de la réalité, mis en évidence par le sociologue Paul Watzlawick: «Une fois que l'on est arrivé à une solution – et que dans le processus qui nous y a conduit, nous avons payé le prix fort en termes de stress et d'anxiété, notre investissement envers cette solution devient si important que l'on préférera peut-être déformer la réalité de façon à la faire "coller" à notre solution, plutôt que de sacrifier la solution[2].»

Si ce penchant est purement lié à la psychologie humaine, il convient de ne pas suivre aveuglément les règles ni de rester prisonnier d'une quelconque démarche au détriment du bon

---

1. Richard PASCALE, *Managing on the Edge. How the Smartest Companies Use Conflict to Stay Ahead*, Simon and Schuster, 1990.
2. Paul WATZLAWICK, *How Real is Real? Communication, Disinformation, Confusion*, Vintage, 1977.

sens et de la logique, sous peine d'aboutir à des comportements contre-productifs et coûteux. Pour reprendre l'image
donnée par certaines entreprises dans leur communication,
Lean Six Sigma peut être perçu comme un voyage, voire un
véhicule, mais en aucun cas comme une destination.

Une mise en œuvre parfois lourde et rigide

Une des principales limites évoquées à propos de Six Sigma
est qu'il s'agit d'une démarche structurée, mais que sa souplesse est limitée. La vitesse de mise en œuvre de la structure
Six Sigma a en effet parfois été considérée comme problématique. Certains regrettent donc la complexité et la lourdeur
de la machinerie Six Sigma, parfois perçu comme un «rou-
leau compresseur» qui exige des investissements massifs en
termes de ressources matérielles, financières et humaines, et
dont la structure, qui peut paraître tentaculaire, ralentirait
considérablement des projets simples selon eux.

À cet égard, il semble que le Lean soit particulièrement complémentaire à Six Sigma, puisqu'il apporte la rapidité d'exécution et permet des gains à court terme. C'est en effet dans
ce type de cas de figure qu'il convient de se demander quelle
approche est la plus appropriée à la situation, en fonction
notamment de la complexité de la problématique rencon-
trée et du délai nécessaire à sa résolution. Par exemple, si
l'on aborde les différentes approches par la rapidité d'atteinte

de résultats décroissante (et par la complexité croissante des problématiques) :

- *pour les améliorations rapides,* on peut se tourner vers des démarches de type Kaizen (résultats attendus en quelques semaines) ;

- *pour des améliorations progressives en mode projet,* des méthodologies de type DMAIC (Lean et Six Sigma) peuvent être employées (résultats attendus en quelques mois) ;

- *pour des améliorations de rupture en mode projet,* des approches de type DFSS seront mises en place (résultats attendus à partir d'une dizaine de mois).

Quels que soit la décision finale de l'organisation et le choix de l'approche à employer pour répondre aux différentes problématiques rencontrées, il reste important pour les organisations de conduire une analyse coûts-bénéfices complète avant de se lancer dans la mise en œuvre.

> En définitive, il semble que la flexibilité soit essentielle dans la manière d'appréhender des approches telles que Lean Six Sigma, en adaptant la démarche aux projets. En d'autres termes, le cadre méthodologique que représente une approche structurée comme le DMAIC ne doit en aucun cas se transformer en carcan dogmatique pour ceux qui l'utilisent.

Témoignage

Thierry Didierlaurent,
manager d'une équipe commerciale
de vingt personnes dans une société de services

Quelle est votre perception de Lean Six Sigma depuis les projets auxquels vous avez participé ?

Le premier projet auquel j'ai participé consistait en partie à mesurer le temps passé sur chacune des activités de mon métier, ce qui m'a permis de bénéficier d'un regard objectif sur ce que je fais. J'ai ainsi pu me rendre compte du temps perdu lors des déplacements, ou encore de mettre en place une organisation plus efficace avec les assistantes.

Ce type d'approche me semble très intéressant pour son « effet miroir » : il permet de prendre du recul sur ses activités, il me semblerait d'ailleurs profitable qu'il soit réalisé auprès de mes collaborateurs !

Personnellement, j'ai donc vécu ces projets comme une opportunité d'améliorer mon travail.

Quels sont selon vous les apports et limites d'une approche telle que Lean Six Sigma pour une équipe commerciale ?

Les apports essentiels sont pour moi la prise de recul que cela permet d'avoir sur son métier, ainsi que le fait de prendre l'habitude de se structurer. En effet, l'approche utilisée dans les projets est assez structurante : on analyse, puis on recherche des solutions, puis on planifie le déploiement des solutions... au lieu d'aller directement à la solution sans passer par la recherche des causes !

.../...

En outre, les projets Lean Six Sigma amènent souvent à fournir des appuis en termes d'outils de pilotage (même dans le cas où ces outils préexistent, ils sont davantage exploités et mis en avant à l'issue des projets).

Par ailleurs, je pense que ce type d'approche fait prendre conscience aux managers de leur capacité à manager différemment, et améliore le niveau de compétences dans une société. En effet, nous sommes amenés à manager de manière plus factuelle, à partir de constats chiffrés, ce qui est assez nouveau pour nous. Il est d'ailleurs assez difficile de faire admettre ce type d'approche aux commerciaux, souvent tournés vers l'affectif et pas toujours aussi structurés («peu importe le chemin utilisé, seul le résultat compte»). Certains commerciaux sont donc déstabilisés au début, lorsqu'on leur demande de réfléchir de manière factuelle à leur approche, lors de bilans de fin d'année, par exemple. Le manager doit alors assurer la transition entre l'ancienne approche et la nouvelle, en s'efforçant de maintenir un équilibre entre le factuel et l'affectif.

En termes de limites, il est clair que le fait de trop structurer peut aussi inhiber l'action du commercial, qui a besoin de liberté d'action. Nous devons donc organiser un cadre défini et une structure appropriée, tout en conservant la souplesse et la flexibilité nécessaires.

Globalement, je pense que ce type d'approche apporte une cohérence dans les démarches de l'entreprise. Cela nous permet également de tester de nouvelles pratiques et de reproduire à plus grande échelle des processus qui fonctionnent.

Comment avez-vous vécu le passage du rôle de manager à celui de chef de projet?
Une des difficultés réside dans le positionnement à adopter face à ses responsables: lorsque je m'adresse au sponsor dans le

.../...

cadre du projet, je dois m'efforcer de faire passer les messages en tant que chef de projet à son sponsor, et non en tant que manager à son supérieur hiérarchique.

Par ailleurs, je me rends compte lors de cette mission – nouvelle pour moi – que le rôle d'un chef de projet transverse m'apporte beaucoup en tant que manager. Ce nouveau rôle me permet en effet de voir les problématiques d'un œil différent, je suis amené à envisager les « dommages collatéraux » potentiels, alors que le rôle du manager est davantage focalisé sur les objectifs de son équipe.

Les attentes des acteurs du réseau commercial et du siège social sont d'ailleurs assez fortes en termes de simplification des règles administratives et de modification des comportements à l'issue de ce projet. Ce rôle de chef de projet me permet donc d'élargir ma vision des choses, en prenant en compte les contraintes administratives autant que commerciales.

Une utilisation des statistiques parfois abusive

Comme nous l'avons vu précédemment, la mesure et les statistiques sont à l'origine de la méthode Six Sigma. Il est d'ailleurs fort probable que le simple fait que cette démarche aide à mesurer objectivement le rendement des processus a grandement contribué à son acceptation par le *top management*.

Cependant, l'emploi des statistiques n'est pas toujours fait à bon escient. En effet, des comparaisons entre différents niveaux de «sigma» (variabilité) censées être «éloquentes» sont parfois utilisées pour créer un sentiment d'urgence auprès des dirigeants et des employés :

| Comparaison entre deux niveaux de Sigma ||
Avec 4 sigma	Avec 6 sigma
• 20 000 mauvaises prescriptions pharmaceutiques par année.	• 11 mauvaises prescriptions pharmaceutiques par année.
• 2 mauvais atterrissages à un aéroport chaque jour.	• 4 mauvais atterrissages à un aéroport chaque décennie.
• 500 mauvaises opérations chirurgicales par semaine.	• 142 mauvaises opérations chirurgicales par décennie.

Les exemples donnés ici ne sont pas choisis au hasard, puisqu'ils concernent des données qui peuvent avoir un impact dramatique sur le bon déroulement des opérations, qu'il s'agisse des domaines de la santé ou des transports aériens où toute erreur peut être fatale. De tels exemples, évidemment saisissants, ont de grandes chances d'influencer les dirigeants et leurs employés et de les convaincre de la «nécessité» d'opérer eux aussi à des niveaux de 6 sigma dans leur organisation.

Cependant, tout bon cours de statistiques commence par vous enseigner que leur subtilité, mais aussi leur danger, réside dans leur interprétation, dans la mesure où l'on peut leur faire dire à peu près tout et son contraire. Ainsi, si des précautions maximales doivent bien entendu être prises dans des domaines tels que l'aéronautique, la santé ou encore le nucléaire, un niveau de qualité égal à 6 sigma semble quelque peu irréaliste dans des domaines tels que les services et fonctions administratives. Certaines notions statistiques, telles que la répétabilité ou la reproductibilité, n'y prennent en effet pas le même sens que dans des milieux industriels où la variabilité issue du facteur humain n'est pas aussi forte que dans les services et administrations. Il est donc bon de garder ce type de considération à l'esprit, de manière à aborder tout résultat statistique avec le recul et le discernement nécessaires.

Pour les aspects les plus complexes de certains projets qui nécessitent l'utilisation des statistiques, les analyses permettent de mettre en évidence les facteurs qui influencent de manière significative les résultats des processus étudiés. Les analyses statistiques représentent alors un outil d'aide à la décision, sur la base des interprétations et des conclusions formulées de concert entre le Black Belt et l'équipe projet détentrice des compétences métier. De ces conclusions dépendra l'orientation des actions d'amélioration sur les facteurs à l'influence statistique significative. Ces conclusions et interprétations sont capitales dans la mesure où les analyses revêtent souvent un caractère indiscutable auprès des interlocuteurs métier.

En définitive, Lean Six Sigma ne se réduit pas aux concepts statistiques, même si c'est souvent l'aspect sur lequel la communication a été portée aux débuts de la démarche, et qui est encore couramment retenu aujourd'hui. En effet, si à l'origine la méthodologie était surtout centrée sur cet aspect particulièrement pertinent et facilement exploitable en milieu industriel, Lean Six Sigma a depuis une approche plus large de résolution des problématiques organisationnelles. Elle englobe des notions de gestion de projets, de management et des outils opérationnels appropriés à un large spectre de situations.

Des impacts financiers parfois difficiles à estimer

La question essentielle, et la raison pour laquelle tant d'entreprises sont attirées par Lean Six Sigma, concerne bien entendu les résultats financiers. Les projets sont en effet censés engendrer des gains mesurables. Pourtant, même si les efforts Lean Six Sigma mis en œuvre par les équipes projet de plusieurs organisations ont prouvé leur impact dans la réduction de la variabilité et des défauts, ces résultats ne garantissent pas nécessairement un succès financier.

Des recherches ont été menées à ce sujet. Pour sa thèse de doctorat[1], Flora O. Ayeni a conduit une recherche auprès de 45 entreprises qui ont appliqué la méthode TQM (Total

---

1. Flora O. AYENI, *An Empirical Study of the Impact of Six Sigma Methodology on Organization Financial Performance in the U.S.*, Regent University, 2003, 96 p.

Quality Management) auparavant, puis sont passées à la méthode Six Sigma, avec pour principale question : « Les entreprises Six Sigma dépassent-elles les performances des entreprises TQM sur des mesures spécifiques de performance financière ? » Les résultats de l'étude suggèrent, d'une part, que l'utilisation d'une méthode de management a une forte corrélation avec la performance financière et, d'autre part, que la stratégie Six Sigma améliore la performance financière en comparaison avec la méthode TQM. Elle émet néanmoins certaines réserves, des facteurs environnementaux ayant pu contribuer également à ces résultats :

- « les entreprises ont pu procéder à une forte réduction des coûts au moment où elles ont entrepris de passer à Six Sigma, augmentant de ce fait leurs revenus ;

- le facteur psychologique a pu jouer un rôle important. En effet, le management a pu être impliqué et encouragé par le programme Six Sigma jusqu'à un point où l'énergie qu'il a apporté au changement aurait rendu n'importe quelle nouvelle approche réussie ;

- de même, le changement de TQM à Six Sigma a pu être accompagné par des changements au niveau des dirigeants, ce qui a pu également avoir un effet indépendant sur la performance financière ;

- que ce soit sous TQM ou Six Sigma, les employés ont pu être davantage encouragés par le management, surtout en travaillant individuellement ou en équipes en l'absence d'un manager ;

- enfin, des experts ont pu faciliter les projets de changement de TQM à Six Sigma. »

Globalement, Flora O. Ayeni démontre que le rôle du leadership est crucial dans de telles transitions, et qu'il a pu exercer un effet indépendant sur la performance financière. Elle explique que d'autres facteurs ont pu influencer les résultats de cette étude :

- « en termes de prélèvement des données, dans la sélection des organisations, l'étude repose davantage sur la commodité (les entreprises ont été choisies simplement parce qu'elles avaient pratiqué TQM puis Six Sigma) plutôt que sur la base d'un échantillonnage réellement aléatoire ;

- l'âge des données financières utilisées fait qu'elles reflétaient la performance financière passée et non actuelle des entreprises sélectionnées ;

- en termes d'influences internes potentielles sur la performance des entreprises, l'effet Hawthorne doit être pris en considération. Celui-ci explique que la productivité augmente simplement en résultat à l'attention reçue par les travailleurs. Ce phénomène a pu également se produire lors de cette étude comparative ;

- enfin, un facteur lié à la maturité des organisations a pu jouer dans cette étude. Une entreprise donnée a en effet pu voir sa performance améliorée simplement en résultat à ce processus de maturation pour la qualité. »

Tous ces facteurs doivent donc être pris en compte dans l'interprétation des résultats de cette étude sur le lien entre Six Sigma et performance financière. La difficulté de l'estimation des gains réside également dans le fait qu'il ne peut s'agir que d'une «image» à un instant donné d'un contexte organisationnel, par nature changeant.

En outre, il convient de noter que les bénéfices financiers ou mesurables doivent être complétés de bénéfices plus intangibles (et difficilement quantifiables) mais non négligeables tels que l'amélioration de la satisfaction des clients et des employés, une meilleure cohésion des équipes et une meilleure communication entre les départements et entités d'une organisation.

Finalement, tandis que de grandes organisations telles que General Electric ont déclaré avoir utilisé Six Sigma pour produire des améliorations de fond impressionnantes, il est important de comprendre que d'autres facteurs, parallèlement à Six Sigma, ont pu contribuer au succès de ces organisations. Ainsi, l'ancien P-DG de General Electric, Jack Welch, le reconnaît lui-même lors d'une conférence : «Nous avons eu des augmentations massives en termes de parts de marché et de marge de profit. Combien étaient dues à Six Sigma? Je ne sais pas. Ceux de Six Sigma pensaient qu'ils étaient responsables de ces augmentations. Ceux de la globalisation pensaient aussi qu'ils étaient la raison des augmentations. Le groupe des services a également joué un rôle. Cependant, ce que je peux dire, c'est que dans le cas de

© Groupe Eyrolles

Six Sigma, et plus spécifiquement du Design for Six Sigma, nous avons apporté de nouveaux engins, appareils et d'autres produits sur le marché dans une période de quelques mois au lieu de quelques années. Cela compte pour avoir un client plus satisfait, qui pourrait ainsi placer une bonne partie de ses affaires de votre côté. »

Il convient au final de remarquer que la plupart des limites liées à Lean Six Sigma sont davantage des dérives faisant suite à une utilisation inappropriée de la méthodologie, et pas nécessairement des défauts inhérents à cette approche.

Témoignage

Exemple de mission Lean Six Sigma dans une société de services

Aurore Lozinguez-Prouveur, manager d'une équipe de gestion de 12 personnes dans une société d'assurances

Le contexte
Mon équipe était confrontée à une surcharge de travail et à un retard accumulé depuis un an malgré des tentatives d'amélioration ponctuelles. Ce retard impactait de plus en plus les

.../...

délais de traitement des demandes des clients. La direction a donc décidé de commanditer une mission Lean Six Sigma, dans le but d'établir un diagnostic objectif de l'activité et de mettre en lumière des solutions permettant de faciliter le travail de l'équipe au quotidien.

Le diagnostic

Dans un premier temps, un consultant en Lean Six Sigma a fait une « immersion » dans l'équipe, en observant l'activité et en échangeant avec chaque personne afin de comprendre les processus existants. Après cette première phase d'observation et de mesure des temps passés, un diagnostic a été établi de manière à mettre en évidence la répartition des activités de l'équipe dans le temps, les difficultés rencontrées et les dysfonctionnements. Ce premier bilan a permis à la direction et à l'équipe de prendre le recul nécessaire pour mieux appréhender les activités quotidiennes.

Les actions d'amélioration

Dans un second temps, nous avons identifié des pistes d'amélioration découlant de l'analyse des processus et des dysfonctionnements. Des ateliers ont été mis en place autour des thèmes d'amélioration, permettant de continuer à impliquer et à mobiliser les membres de l'équipe. Chacun a ainsi pu proposer ses idées pour améliorer les tâches quotidiennes de l'équipe. Le partage d'idées et les échanges ont renforcé l'adhésion de l'équipe sur la durée.

Le bilan

Après quelques mois de mise en place du plan d'actions, je pense que ce projet a été bénéfique à l'ensemble de l'équipe. En tant que manager, cette expérience m'a permis de prendre du recul sur mon activité et de mieux cibler les indicateurs de pilotage-clés, tout en les reliant aux facteurs humains (gestion

...\...

du stress...). Par ailleurs, ce projet a permis de souder davantage l'équipe, en encourageant chacun à s'exprimer sur notre activité et à laisser libre cours à sa créativité. Les changements sont petit à petit devenus des opportunités et la dynamique d'amélioration favorise maintenant la réussite individuelle et collective.

Aujourd'hui, l'amélioration continue reste l'affaire de tous : les membres de l'équipe ont désormais les clés pour s'aligner sur les meilleures pratiques. Les données de pilotage nous permettent de mieux cibler les points forts et les points faibles de l'activité, renforçant ma maîtrise des processus à travers l'utilisation de nouvelles approches managériales, qui visent à allier souplesse et rigueur, performance et motivation. Ces indicateurs, partagés au sein de l'équipe, favorisent le maintien de la mobilisation de tous pour la qualité.

Conclusion

Au cours de cet ouvrage, nous avons proposé des explications relatives à certains constats faits lors de projets Lean Six Sigma, par la mise en évidence de caractéristiques propres au contexte social, culturel et organisationnel. Nous avons notamment expliqué pourquoi les projets sont presque toujours considérés comme des succès aux États-Unis, au regard de fortes influences culturelles. Un niveau de qualité 6 sigma n'est pas nécessairement indispensable à la performance d'une organisation. Il semble que les attentes par rapport à Lean Six Sigma soient parfois démesurées et irréalistes, et desservent la crédibilité de cette approche, du moins pour notre culture européenne.

Il nous semble essentiel de ne pas se laisser enfermer dans une méthodologie, quelle qu'elle soit, au détriment du bon sens. Lean Six Sigma doit rester un moyen au service de la stratégie et non une fin en soi. Souplesse et flexibilité seraient donc les maîtres mots pour adapter le déploiement de Lean Six Sigma aux organisations. Il est également important de prendre en compte la part d'irrationalité des projets Lean Six Sigma, en accompagnant les multiples changements provoqués par la mise en place de cette approche.

En outre, d'autres facteurs peuvent avoir un impact sur la performance des organisations, et il est très difficile d'isoler le «facteur Lean Six Sigma». Par ailleurs, il semble que Lean Six Sigma possède un potentiel managérial certain, en termes de leadership, mobilisation des équipes et gestion des compétences, qu'il convient d'aborder avec discernement, pragmatisme et lucidité. Enfin, il serait bon d'exploiter ce potentiel en Europe en prenant en compte certaines considérations organisationnelles, stratégiques et culturelles.

Cet ouvrage avait pour objectif de donner des repères aux lecteurs désireux de s'informer sur Lean Six Sigma et de prendre une décision quant à une éventuelle mise en œuvre. Nous espérons avoir contribué à donner une vision originale, plus nuancée de Lean Six Sigma, et donc plus réaliste, en prenant en compte ses inévitables limites (essentiellement en termes de pièges à éviter) aussi bien que son potentiel pour le management. Nous avons aussi tenté d'apporter un éclairage culturel en tenant compte des différences qui influent fortement sur l'acceptation et la réussite de Lean Six Sigma.

Lean Six Sigma, en tant qu'approche dédiée à l'amélioration continue, est par essence en perpétuelle évolution. Cette démarche étant pour une large part affaire de changement d'état d'esprit, de paradigme et de culture, peut-être son succès se reconnaît-il finalement dans une organisation lorsque celle-ci l'a à ce point intégré qu'il n'est plus fait mention de Lean Six Sigma, puisque la résolution de problèmes, l'évaluation des résultats et l'amélioration continue sont devenues une seconde nature pour l'organisation.

Glossaire

5 « **pourquoi** » : technique utilisée pour favoriser la détermination des causes profondes d'un dysfonctionnement

5S : approche utilisée pour créer et maintenir un environnement de travail organisé

6 sigma : résultat d'un calcul statistique représentant un niveau de qualité de 3.4 défauts par million d'opportunités (soit un rendement théorique de 99,9997 %). À différencier du terme « Six Sigma » qui représente la démarche d'amélioration des processus utilisée pour atteindre un objectif de réduction de la variabilité

AMDEC : Analyse des Modes de Défaillance, de leurs Effets et de leur Criticité ; approche structurée permettant d'identifier les modes de défaillance potentiels d'un processus, produit ou service, d'estimer les risques associés à des défaillances spécifiques et de prioriser les actions pour réduire ces risques

Arbre des causes : représentation graphique de l'enchaînement des causes d'un problème

Brainstorming : méthode permettant de générer des idées en équipe, utilisée comme technique de résolution de problèmes ou d'identification des causes

Carte de contrôle : outil graphique utilisé pour piloter les changements qui interviennent au sein d'un processus, en distinguant les variations inhérentes au processus (causes courantes, impact souvent minime) des variations qui résultent d'une modification du processus (causes spéciales, impact souvent significatif)

CTQ : Critical To Quality ; traduction des engagements pris vis-à-vis des clients en spécifications internes mesurables

DFSS : Design For Six Sigma ; approche utilisée pour les projets d'innovation et de conception de processus, produits ou services

DMADV : Define, Measure, Analyse, Design, Verify. Étapes du DFSS

DMAIC : Define, Measure, Analyse, Improve, Control ; approche utilisée pour les projets d'amélioration

EFQM : European Foundation for Quality Management

IDOV : Identify, Design, Optimize, Verify. Étapes du DFSS

Ishikawa (diagramme d') : diagramme en arête de poisson permettant de visualiser les causes profondes d'un problème, souvent utilisé avec les catégories du « 5 M » (Matériel, Méthode, Main d'œuvre, Matière, Milieu)

ISO : International Organization for Standardization

Juste À Temps : système de planification qui consiste à produire ce dont on a besoin quand on en a besoin (« flux tiré », ajusté en fonction de la demande)

Kaizen : ateliers intensifs de quelques jours pendant lesquels une équipe se consacre à plein temps à un projet d'amélioration. Signifie également « amélioration continue »

Kano (diagramme de) : permet de mieux comprendre la valeur que les clients accordent aux différentes caractéristiques d'un produit ou service et de se focaliser sur les attributs-clés

Lean : approche visant à éliminer toutes les sources de gaspillage dans un processus

Management visuel : affichage des objectifs, problèmes, plans d'action associés, résultats, etc., permettant à une équipe de partager, prioriser ses actions, résoudre ses problèmes et de s'assurer de leur suivi au quotidien

Pareto (principe et diagramme de): principe selon lequel 20 % des causes représentent 80 % des effets sur un problème donné. Ce principe est souvent mis en application sous la forme de diagrammes en barres verticales qui permettent de visualiser les défauts ou les causes les plus importants, par ordre décroissant d'importance

PDCA: Plan, Do, Check, Act; également appelé «roue de Deming»

Répétabilité: variabilité obtenue lorsqu'une même personne prend de multiples mesures sur les mêmes échantillons, en utilisant les mêmes instruments et les mêmes techniques

Reproductibilité: variabilité obtenue lorsque plusieurs personnes mesurent les mêmes échantillons, en utilisant les mêmes instruments et les mêmes techniques

SIPOC: Supplier, Input, Process, Output, Customer. Outil permettant à l'équipe et au(x) sponsor(s) de déterminer le périmètre et les frontières du projet

Six Sigma: approche globale d'amélioration continue et de résolution de problèmes

TQM: Total Quality Management; approche de gestion de la qualité totale

Valeur ajoutée (activité à): activité approchant un produit ou service de sa réalisation et pour laquelle le client est prêt à payer (par opposition aux activités à «non valeur ajoutée»: temps d'attente, de recherche, pannes informatiques…)

Value Stream Mapping: cartographie des flux de valeur; permet de décrire les différentes étapes d'un processus avec des données chiffrées (délais, effectifs…) pour mettre en lumière les problèmes et les opportunités d'amélioration

VOC: Voice of the Customer; ensemble de techniques visant à déterminer ce qui compte pour les clients et fixer des priorités cohérentes avec leurs besoins

Index

Bibliographie

Ouvrages

BRULEBOIS Caroline, PERRENOT Gilbert, SAINTVOIRIN Bruno, *6 Sigma. Le Guide!*, Afnor, 2007, 170 p.

DEVANE Tom, *Integrating Lean Six Sigma and High-Performance Organizations: Leading the Charge Toward Dramatic, Rapid, and Sustainable Improvement*, Pfeiffer & Company, 2004, 404 p.

FRECHET Caroline, *Mettre en œuvre le Six Sigma*, Éditions d'Organisation, 2005, 160 p.

GEORGE Michael L., *Lean Six Sigma pour les services. Comment utiliser la vitesse Lean & la qualité Six Sigma pour améliorer vos services et transactions*, Maxima, 2005, 463 p.

LAMPRECHT James, *Démystifier Six Sigma. Comment améliorer vos processus*, Afnor, 2003, 163 p.

PASCALE Richard, *Managing on the Edge. How the Smartest Companies Use Conflict to Stay Ahead*, Simon and Schuster, 1990.

PILLET Maurice, *Six Sigma: comment l'appliquer*, Éditions d'Organisation, 2004, 486 p.

TREICHLER David H. avec CARMICHAEL Ronald D., *The Six Sigma Path to Leadership. Observations from the Trenches*, ASQ Quality Press, 2004, 228 p.

WATZLAWICK Paul, *How Real is Real? Communication, Disinformation, Confusion*, Vintage, 1977.

Thèses

AMAMOTO Joseph A., *The Effects of Six Sigma Implementation on Transformational Leadership Skills*, Nova Southeastern University, 2002, 150 p.

AYENI Flora O., *An Empirical Study of the Impact of Six Sigma Methodology on Organization Financial Performance in the U.S.*, Regent University, 2003, 96 p.

DAVILA GUERRERO Carlos Ernesto, *The Six Sigma Strategy. A Presentation to Upper Management*, California State University, 2001, 53 p.

GRAPHENTEEN Blain, *A Study in the Application of Six Sigma Process Improvement Methodology to a Transactional Process*, South Dakota State University, 2003, 153 p.

LAFRAMBOISE Kevin, *An Empirical Study of the Relationship between Quality Practices and Business Performance Excellence in Central Canada*, Concordia University Montréal, 2002, 266 p.

LEATHERS Lee E., *Six Sigma. Changing a Culture*, University of Louisville, 2002, 77 p.

Articles

BERGER Aline, « Six Sigma : un échelon en plus dans la productivité ? », *Dossier technologique des pays de Savoie*, 2002, 4 p.

BESSEDE Claire, « La qualité : une démarche pour répondre aux attentes du client », ministère de l'Économie, des Finances et de l'Industrie, 2000, 4 p.

BRINGUY Sophie, « Combiner l'Areva Way et l'ISO 9001 dans une approche de développement durable », *Qualité Références*, janvier 2005, p. 23-25.

BRUE Greg, « Will the real Six Sigma please stand up ? », *Adhesives & Sealants Industry*, février 2005.

CLIFFORD Lee, «Why you can safely ignore Six Sigma», *Time*, 22 janvier 2001.

ECKES George, «Making Six Sigma last (and work)», *Ivey Business Journal*, 2002, p. 77.

GOURISHANKAR T. et GANAPATHY SUBRAMANIAM S., «Six Sigma: does it really add up?», *Financial Times*, 2003.

HOERL Roger, SNEE Ronald, CZARNIAK Steve et PARR William, «The future of Six Sigma», *American Society for Quality*, 2004.

LEGENDRE Jean-Guy, «Le colloque Six Sigma, une activité couronnée de succès», *Bulletin de l'ASQ section québécoise (0404)*, septembre 2002.

PANCZER Gilles et CHEMARIN Pierre, «SPIN, une solution pour déployer Six Sigma. Nouvelle démarche de l'Institut Renault», *Qualité Références*, avril 2005, p. 73.

SHARMA Vivek, «Six Sigma: a dissenting opinion», *Manufacturing Engineering*, octobre 2003, p. 16

SYNTHÈSE MANAGERIS, «Six Sigma», synthèse de HARRY Mikel J. et SCHROEDER Richard, *Six Sigma, the Breakthrough Methodology Revolutionizing the World's Top Corporations*, Doubleday, 2000, 300 p.

TATHAM Michael et MACKERTICH Neal, «Is Six Sigma falling short of expectations?», *Optimize*, avril 2003, p. 19.

VINING G. Geoffrey, «A personal perspective on Six Sigma», *ASQ Six Sigma Forum Magazine*, août 2003, p. 8.

Sites Internet

Généralistes

http://gb-server.mit.edu
http://harvardbusinessonline.hbsp.harvard.edu/
http://www.google.fr/
http://www.proquest.com/

Spécialisés

http://europe.isixsigma.com/
http://www.6sigma.us/
http://www.afnor.fr/portail.asp
http://www.afnor.org/efqm/
http://www.allquality.org
http://www.asq.org/
http://www.mfq-fc.asso.fr/
http://www.onesixsigma.com
http://www.piloter.org/
http://www.qualite.qc.ca/